# Wie kommt der Ton durchs Telefon?

## Rätsel des Alltags für Kinder erklärt

Tatjana Alisch

compact via

compact via ist ein Imprint der Compact Verlag GmbH



Text: Tatjana Alisch
Redaktion: Anna Kiermeier
Produktion: Wolfram Friedrich
Abbildungen: siehe Bildnachweis Seite 160
Titelabbildungen (im Uhrzeigersinn): www.fotolia.de: Alexey Khromushin (o.r.); fdenb; sonne Fleckl; RRF; staphy; insa krey; Sebastian Grecu; Victor B; Irochka; sumnersgraphicsinc; Michael Novacek; Ciro Carnevale (m.)
Gestaltung: ekh Werbeagentur GbR
Umschlaggestaltung: ekh Werbeagentur GbR

ISBN 978-3-8174-8246-7
5482461

www.compact-via.de

# Vorwort

## Liebe Leserin, lieber Leser!

Jeden Tag benutzen wir Dinge, die für uns selbstverständlich sind. Aber wenn wir überlegen, wie etwas tatsächlich funktioniert, dann sehen wir, dass sogar hinter den einfachsten Dingen manchmal äußerst komplizierte Vorgänge stecken. Gerade die Natur hat erstaunliche Mechanismen und Tricks entwickelt, durch die das Leben auf der Erde in seiner Vielfalt überhaupt erst möglich ist.

Dieses Buch kann natürlich bei Weitem nicht auf alle Fragen eine Antwort liefern. Außerdem ist es gar nicht möglich, innerhalb des gegebenen Rahmens jede Frage bis ins kleinste Detail zu beantworten. Das ist aber auch gar nicht das Ziel des Buches. Vielmehr sollen die ausgewählten Fragen eine Anregung dazu sein, öfter nach den Hintergründen und den Zusammenhängen zu fragen. Egal ob es sich um die Technik im Alltag handelt oder um die Vorgänge in der Natur.

Vielleicht kann dieses Buch auch Lust darauf machen, in Zukunft auf eigene Faust nach den richtigen Antworten zu suchen, zusammen mit den Eltern oder mit Freunden. Möglichkeiten gibt es genug: im Lexikon oder in anderen Büchern, im Internet und im Museum.

Wie gut du über bestimmte Dinge und das, was dahintersteckt, Bescheid weißt, kannst du im Wissensquiz am Ende des Buches überprüfen. Und wenn du einmal ein Wort nicht verstehen solltest, dann schlag einfach hinten im Glossar nach. Dort findest du jede Menge Erklärungen zu einzelnen Fachbegriffen.

Und nun viel Spaß beim Lösen der vielen spannenden Alltagsrätsel!

**Tipp für lange Winterwochenenden!**
**Wenn es euch Spaß macht, Fragen zu stellen und sie gemeinsam im Familienkreis zu lösen, könnt ihr daraus auch ein Spiel machen: Ihr denkt euch jede Woche eine Frage aus, nach deren Lösung dann am Wochenende gemeinsam gesucht wird.**

# Inhalt

## Extras

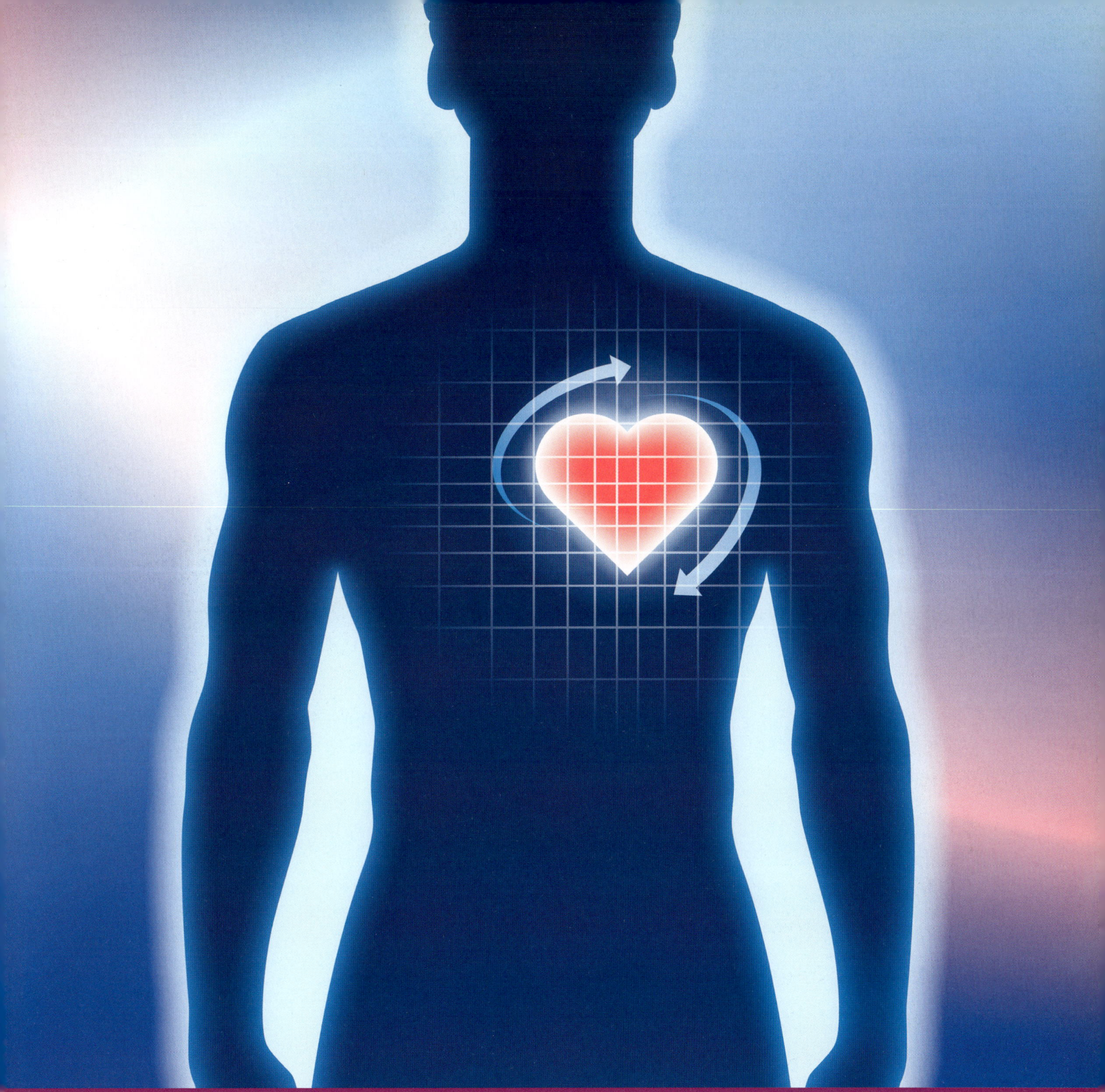

# Körper

## Wie kommt das Baby in den Bauch?

Etwa alle vier Wochen wird im Eierstock einer Frau eine Eizelle reif. Wenn sie befruchtet wird, wenn also Mann und Frau miteinander geschlafen haben und sich die Samenzelle des Mannes mit der Eizelle der Frau verbunden hat, beginnt eine Schwangerschaft.

**Ein langer Weg**
Doch bevor im Bauch der Mutter ein richtiges Baby heranwächst, muss noch viel passieren. Erst allmählich bilden sich der Körper und die einzelnen Organe aus. Dabei teilt sich die Eizelle viele Millionen Mal. Bis das Baby zur Welt kommt, dauert es noch etwa neun Monate!

Ein Baby wächst im Bauch der Mutter heran.

### Junge oder Mädchen?

**Ob das Baby ein Junge oder Mädchen wird, entscheidet ein einziges Chromosom. In den Eizellen ist das 23. Chromosom immer das „weibliche" X-Chromosom. In der Samenzelle ist es entweder ein X- oder ein „männliches" Y-Chromosom. Bei zwei X-Chromosomen wird es ein Mädchen, bei X- und Y-Chromosom ein Junge. Diese Chromosomen heißen übrigens so, weil sie unter dem Mikroskop aussehen wie die entsprechenden Buchstaben.**

## Wie entstehen Zwillinge?

Eineiige Zwillinge sehen sich zum Verwechseln ähnlich.

Während es bei vielen Tierarten ganz normal ist, dass mehrere Babys gleichzeitig auf die Welt kommen, sind Zwillingsgeburten bei Menschen eher selten. Es gibt zwei verschiedene Arten, wie Zwillinge oder Mehrlinge entstehen.

Alle Babys entwickeln sich aus einer weiblichen Eizelle, die von einer männlichen Samenzelle befruchtet worden ist. Normalerweise reift bei uns Menschen nur eine einzige Eizelle heran, sodass nur ein einziges Baby im Bauch der Mutter wachsen kann.

**Plötzlich zu zweit**
Manchmal passiert es aber, dass mehrere Eizellen gleichzeitig reif und befruchtet werden. Dann entstehen zweieiige Zwillinge, die sich nicht ähnlicher sind als normale Geschwister. Es kann aber auch sein, dass sich während der Vermehrung und Entwicklung einer einzigen befruchteten Eizelle diese in zwei selbstständige „Bausteine" aufteilt. Diese weisen dann genau die gleichen Gene (Erbanlagen) auf und werden als eineiige Zwillinge bezeichnet.

## Warum wird die Haut beim Baden schrumplig?

Das hat wohl jeder von uns schon einmal erlebt: Wenn man recht lange in der Badewanne war, wird die Haut ganz schrumplig. Das ist schon merkwürdig genug, aber noch erstaunlicher ist es, dass sich nur die Haut an den Fingern und an den Zehen verändert. Unsere Haut ist, besonders an den Fingerkuppen und an den Zehen, keineswegs so glatt, wie sie uns erscheint.

Schrumpelfinger

### Das steckt dahinter

Überall an unserem Körper sterben ständig Hautzellen ab. Diese werden jedoch schnell wieder durch nachwachsende Zellen ersetzt.

Die beschädigten oder abgestorbenen Hautzellen fallen aber nicht einfach ab, sondern bilden an den besonders beanspruchten Stellen die Hornhaut. Diese Hornzellen können wie ein Schwamm das Wasser aufnehmen und sich so vergrößern. Sobald die Finger trocknen, gibt die Hornhaut das Wasser wieder ab und es bilden sich Falten an den Fingerspitzen.

## Wie wird das Blut durch den Körper gepumpt?

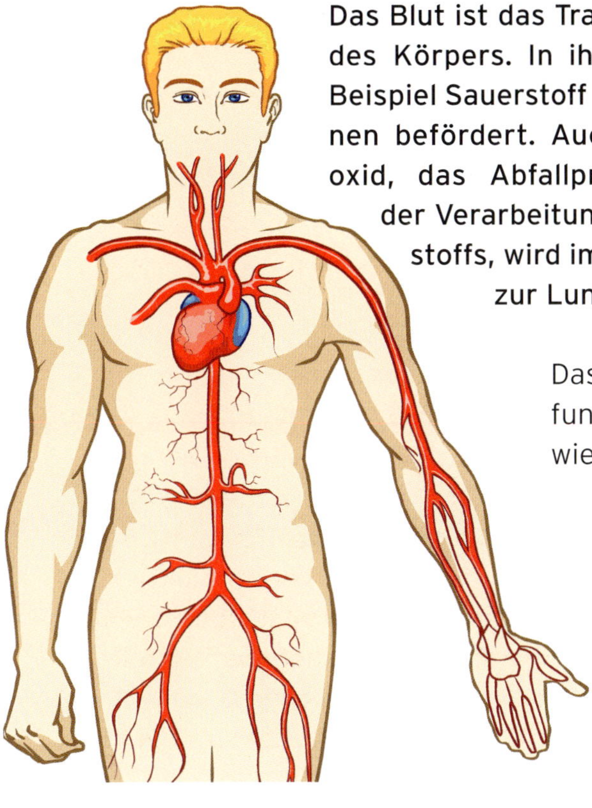

Das Blut ist das Transportmittel des Körpers. In ihm wird zum Beispiel Sauerstoff zu den Organen befördert. Auch Kohlendioxid, das Abfallprodukt nach der Verarbeitung des Sauerstoffs, wird im Blut zurück zur Lunge gebracht.

Das Herz funktioniert wie eine Pumpe.

Das Herz funktioniert dabei wie eine Pumpe, die das Blut durch den Körper transportiert. Dazu saugt es das Blut auf der einen Seite aus den Venen an und presst es auf seiner anderen Seite wieder hinaus, indem es sich zusammenzieht. Bei jedem Herzschlag fließen 50 bis 100 Milliliter Blut hindurch.

### Ein kilometerlanges Gefäßsystem

Normalerweise fließt das ganze Blut einmal pro Minute durch den Körper. Das kann jedoch auf mehr als das Doppelte gesteigert werden. Damit alle Zellen versorgt werden, verfügt der Körper über ein riesiges „Kanalisationssystem". Dieses besteht aus der Hauptschlagader, den Arterien, die das Blut vom Herzen weg befördern, und den Venen, die zurück zum Herzen führen, bis hin zu den winzigen Kapillaren. All diese Blutgefäße haben zusammen eine Länge von 150.000 Kilometern!

## Warum gibt es Albinos?

Eine weiße Albinoratte

Albinos sind Menschen oder Tiere mit besonders heller Haut und weißlichen Haaren. Ausgelöst wird dieses Erscheinungsbild durch einen Mangel des Pigments Melanin, das für die dunkle Färbung von Haut und Haaren verantwortlich ist.

**Rote Augen**

Typisch für Albinos sind auch ihre roten Augen. Doch in Wirklichkeit sind diese gar nicht rot. Sie erscheinen nur so, weil die darunterliegenden roten Blutzellen durch die farblose Regenbogenhaut hindurch zu sehen sind. Es gibt aber auch bei anderen Pigmenten Farbstörungen. So fehlt zum Beispiel bei blauen Wellensittichen der gelbrote Farbstoff Karotin.

### Schon gewusst?

**Nicht alle Tiere, die in weißer Färbung vorkommen, sind Albinos. Das gilt ebenso für die berühmten weißen Pfaue, die schon in der Antike gern gesammelt wurden, wie für die weißen Löwen der Magier Siegfried und Roy in Las Vegas. Erkennen kann man das an den Augen der Tiere, die entweder dunkel oder auch hellblau gefärbt sind.**

## Wodurch entsteht Gänsehaut?

Wenn wir frieren, aber auch wenn wir Angst haben, passiert es häufig, dass wir am ganzen Körper kleine Hubbel bekommen – die sogenannte Gänsehaut. Woher der Name kommt, ist leicht zu erraten: Unsere Haut sieht aus wie die einer gerupften Gans. Wenn man die kleinen Hauterhebungen genauer betrachtet, sieht man, dass sie sich genau dort bilden, wo an unseren Armen und Beinen winzige Härchen wachsen.

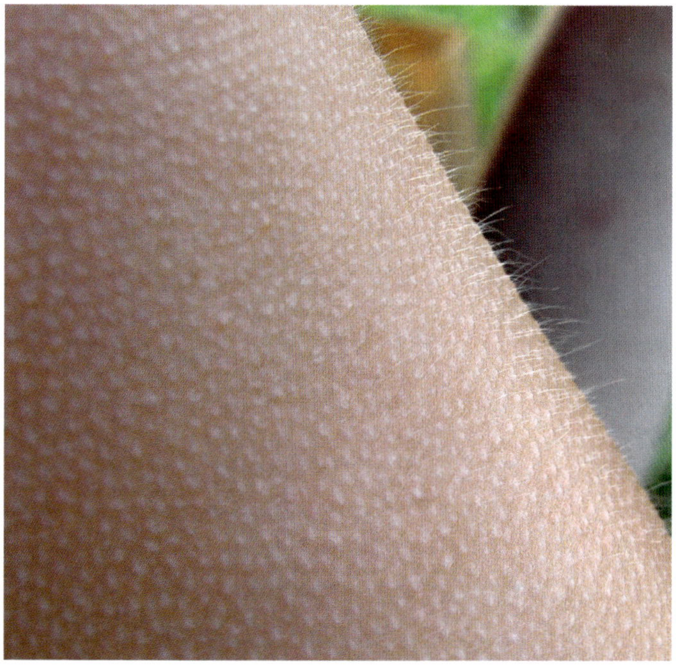

Viele kleine Hauterhebungen

**Eine haarige Angelegenheit**

Die Gänsehaut ist eine angeborene Reaktion des Körpers, also ein Reflex. Sie stammt aus der Zeit, als die Menschen noch wie die Affen ein Fell hatten. Diesen Reflex kann man bei allen Tieren, die ein Fell oder Federn haben, beobachten.

Wenn ein Tier Angst hat, stellt es seine Haare auf, um größer und stärker zu wirken. Wenn es friert, bildet die Luft zwischen seinen aufgestellten Haaren ein warmes Luftpolster. So muss es im Winter nicht frieren.

## Wie kommt es zu einem Sonnenbrand?

Eine Kopfbedeckung bietet Schutz vor der Sonne.

Wenn uns die ersten warmen Sonnenstrahlen im Frühling erreichen, muss man besonders achtgeben, dass man keinen Sonnenbrand bekommt. Denn wenn die Haut noch sehr blass ist, dringt die ultraviolette Strahlung der Sonne besonders tief in die Haut ein. Dort kann sie dann schwere Verbrennungen verursachen.

Sobald sich die Haut an die Sonneneinstrahlung gewöhnt hat, kann sie sich selbst vor der schädlichen UV-Strahlung schützen. Dann produziert sie eine größere Menge des Pigments Melanin. Die Hautfarbe beginnt, dunkler zu werden – man wird braun. Das bewirken die dunklen Farbstoffe in der Haut.

**Vorsicht!**

**Der Schutz der Haut ist wirklich wichtig! Es handelt sich bei einem Sonnenbrand nämlich nicht nur um eine kurzzeitige Hautreizung. Die Haut wird oft so geschädigt, dass man auch viele Jahre später noch Hautkrebs bekommen kann.**

## Wie verheilen Wunden?

Bereits wenige Minuten, nachdem man sich eine Verletzung zugezogen hat, beginnt der Körper mit der Wundheilung. Je nach Größe und Art der Wunde (Schnittwunde, Brandwunde, Schürfwunde) kann das beschädigte Körpergewebe wieder vollständig hergestellt werden.

**Schritt für Schritt**

Die Wundheilung geht in mehreren Phasen vor sich. Diese kann man teilweise gut beobachten. Zunächst gerinnt das Blut und dichtet dadurch die verletzten Blutgefäße ab. So wird sichergestellt, dass man nicht zu viel Blut verliert. Danach tritt eine Flüssigkeit aus der Wunde aus, das Wundsekret. Dieses reinigt die Wunde von Schmutz, Keimen und beschädigten Zellen.

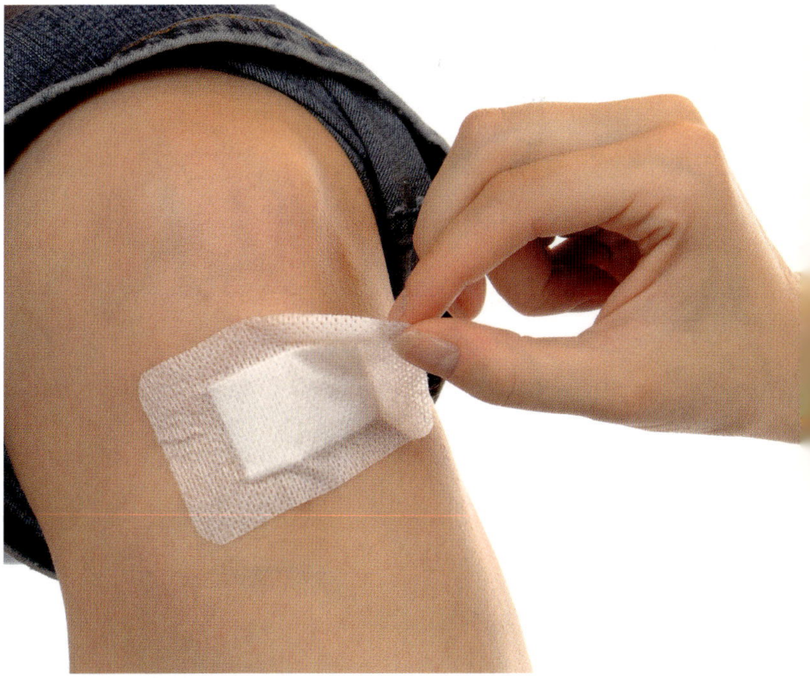

Eine Schürfwunde am Knie

Nach drei bis vier Tagen beginnt ein neues Bindegewebe zu wachsen, das die Wunde allmählich auffüllt. Damit die Verletzung in Ruhe heilen kann, bildet sich eine Kruste, der Schorf. Dieser fällt ab, sobald die Haut unter ihm wieder vollständig hergestellt ist.

## Wieso wird man krank?

Ein Mädchen beim Fiebermessen

Eine Krankheit ist eine Störung im Körper. Um diese Störung wieder zu beheben, hat der Körper alle möglichen Tricks auf Lager, je nachdem, wodurch die Störung ausgelöst wurde. Eine Krankheit wird entweder durch innere Prozesse (Alterung, angeborene Fehlbildungen, Schäden in den Genen) oder durch Einflüsse von außen (Ansteckungen, Unfälle, Vergiftungen) verursacht.

**Angriff auf den Körper**

Beispielsweise greifen Bakterien und Viren die Körperzellen an, woraufhin der Körper diese Eindringlinge bekämpft. Dies tut er mithilfe der Abwehrzellen im Blut, die die fremden Zellen direkt angreifen.

**Achtung!**

**Fieber dient dazu, im Körper eine Temperatur herzustellen, die Bakterien oder Viren nicht aushalten. Es ist also nicht immer sinnvoll, das Fieber künstlich zu senken.**

## Wie bekommt man eine Allergie?

Unser Körper ist außerordentlich vielen Angriffen von außen ausgesetzt. Besonders heutzutage, wo überall – im Essen, in Cremes und Shampoos, aber auch in der Luft – alle möglichen Spuren von Chemikalien zu finden sind.

**Verrücktes Immunsystem**

Eine Allergie ist eine Reaktion des Körpers, bei der er überempfindlich auf bestimmte, an sich harmlose Stoffe reagiert. Dabei spielt das Immunsystem verrückt. Dessen Aufgabe wäre es eigentlich, schädliche Krankheitserreger zu bekämpfen. Stattdessen stürzt es sich nun auch auf harmlose Fremdkörper wie Blütenpollen, Hausstaub oder Bestandteile der Nahrung.

**Schon gewusst?**

**In den Industrieländern gibt es deutlich mehr Allergien als in den Ländern der Dritten Welt. Es wird vermutet, dass der Grund dafür eine allzu saubere Umgebung in der Kindheit sein könnte. Deshalb ist der Körper später nicht mehr in der Lage, zwischen gefährlichen Keimen und harmlosen Stoffen zu unterscheiden.**

Hatschi!

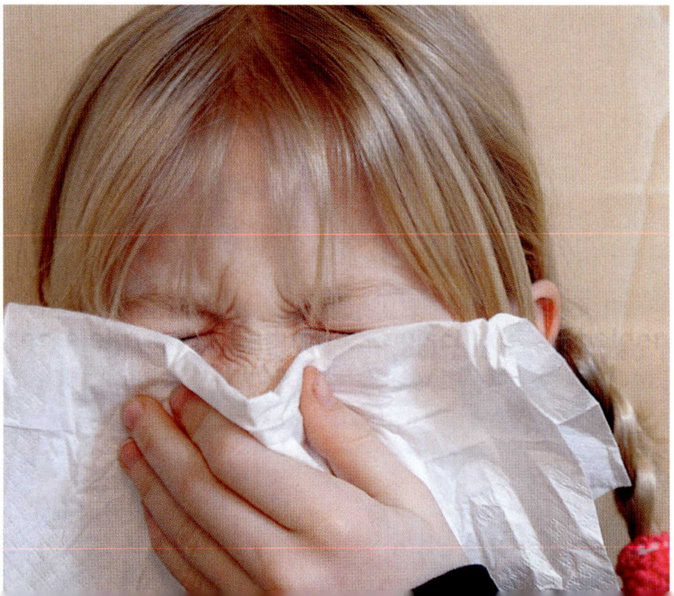

## Wie hält unser Körper die Temperatur?

Die normale Temperatur unseres Körpers liegt bei ungefähr 37 Grad Celsius. Morgens ist sie niedriger als tagsüber. Diese Temperatur bleibt im Zentrum unseres Körpers fast immer gleich, egal welche Temperatur in der Umgebung herrscht. In den Armen und Beinen kann sie dagegen erheblich schwanken.

**Schon gewusst?**

**Eine zusätzliche Art, Wärme zu produzieren, ist das Zittern. Durch den extrem schnellen Wechsel zwischen Anspannen und Entspannen erzeugen die Muskeln Wärmeenergie, die dann in das Körperinnere geleitet wird.**

**Warm und kalt**

Die Körpertemperatur wird über die Blutgefäße der Haut, vor allem in den Armen und Beinen, gesteuert. Wenn es warm ist, erweitern sich die Blutgefäße, sodass bis zu 30-mal so viel Blut durch die Hände und Füße fließt wie bei kalten Temperaturen.

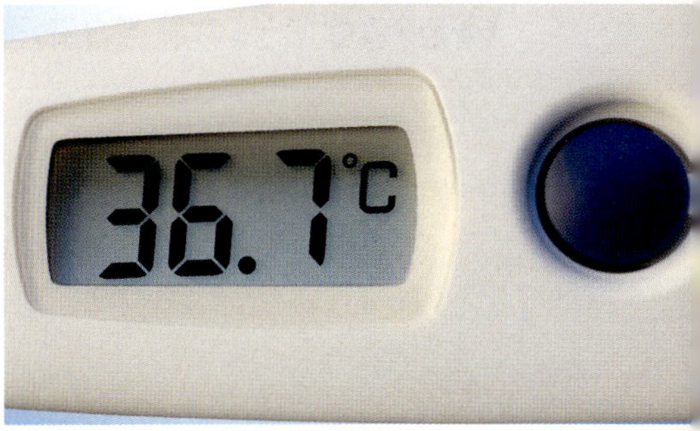


Die Körpertemperatur beträgt in etwa 37 Grad Celsius.

Dies ist auch der Grund, warum wir im Winter besonders schnell kalte Hände und Füße bekommen. Auch wenn wir schwitzen, kann die Körpertemperatur geregelt werden. Denn durch das Verdunsten des Schweißes entsteht Kälte.

## Wie können wir hören?

Der zweitwichtigste Sinn des Menschen ist sein Gehör. Um hören zu können, brauchen wir zum einen die Ohrmuschel. Diesen sichtbaren Teil des Hörorgans bezeichnen wir allgemein als Ohr. Zum anderen aber benötigen wir auch das nicht sichtbare Mittelohr und Innenohr.

Zum Außenohr gehören mehrere Teile: die trichterförmige Ohrmuschel, die die Schallwellen auffängt, der Gehörgang und das Trommelfell. Dieses beginnt zu vibrieren, sobald eine Schallwelle darauftrifft.

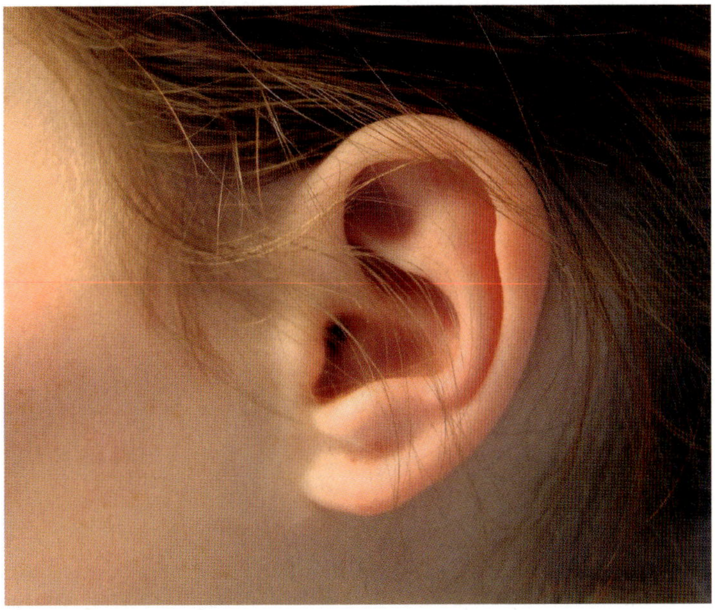

Das Ohr ist ein sehr wichtiges Sinnesorgan.

**Hammer, Amboss und Steigbügel**

Das Mittelohr besteht aus einer luftgefüllten Höhle, die mit dem Rachenraum verbunden ist. Darin befinden sich die drei Gehörknöchelchen Hammer, Amboss und Steigbügel. Diese verstärken die Schallwellen und geben sie an das Innenohr weiter.

Das Innenohr ist mit einer Flüssigkeit gefüllt. Dort hinein ragen feine Härchen, die durch die eintreffenden Schwingungen bewegt werden. Diese Bewegung erzeugt ein elektrisches Signal, das vom Hörnerv an das Gehirn weitergeleitet wird.

## Warum können wir sprechen?

Der Mensch ist das einzige „Säugetier", das sprechen kann. Der Sprechapparat bei Menschen und Affen unterscheidet sich zwar nicht wesentlich. Und auch Affen können unterschiedliche Laute von sich geben.
Doch dies passiert nicht bewusst wie bei uns Menschen.

Menschen verständigen sich untereinander durch Sprache.

**Das Sprach-Gen FOXP2**

Nach neuesten Forschungen liegt der Unterschied an einer Veränderung des sogenannten FOXP2-Gens an nur drei Stellen. Wenn dieses Gen geschädigt ist, entwickeln sich beim Menschen das Sprachverständnis und die Aussprache nur sehr eingeschränkt. Das Gen selbst ist auch bei anderen Säugetieren vorhanden und für die Motorik, also die Bewegungsfähigkeit, zuständig.

### Schon gewusst?

**Ein Kleinkind kann alle Laute bilden. Allerdings verlernt es diejenigen wieder, die es in seiner Muttersprache nicht braucht, wie bei uns den englischen Laut „th".**

## Warum macht Helium die Stimme piepsig?

Sicherlich hast du dich schon oft gefragt, wie die piepsigen Stimmen von Micky Maus und Co. zustande kommen. Es handelt sich hierbei um nichts anderes als die Veränderung der menschlichen Stimme durch das ungiftige Edelgas Helium.

Wenn man Luftballons mit Helium füllt, steigen sie in die Luft.

**Die Stimmbänder**

Denn wenn man beispielsweise einen Luftballon öffnet und das ausströmende Helium einatmet, verändert sich die Stimme auf extreme Weise. Da Helium leichter ist als Luft, hat es eine geringere Dichte. So setzt es den Stimmbändern weniger Widerstand entgegen. Sie schwingen dann schneller und die Stimmfrequenz erhöht sich.

### Vorsicht!

**Auch wenn das alles ganz lustig klingt – auf Dauer ist das natürlich nicht gesund, da die Stimmbänder geschädigt werden können. Und auf gar keinen Fall darf man Helium direkt aus der Flasche einatmen! Denn dort ist der Innendruck so hoch, dass er ausreichen würde, um die Lunge zu zerstören.**

## Wie reden Bauchredner, ohne ihre Lippen zu bewegen?

Bauchredner haben oft eine lustige Handpuppe dabei.

Fast jeder hat schon einmal im Zirkus einen Bauchredner gesehen. Die Gespräche, die er mit einem lustigen Kuscheltier auf seinem Arm führt, sind immer sehr unterhaltsam. Wie aber kann jemand reden, ohne seine Lippen zu bewegen, wo doch viele Buchstaben (beispielsweise das B und das P) nur mit den Lippen gebildet werden?

### Das steckt dahinter

Auch ein Bauchredner bildet seine Wörter nicht mit dem Bauch, sondern benutzt dafür seine Atmung, den Gaumen und den Kehlkopf. Indem er die Zunge stärker bewegt, werden die normalen Bewegungen des Kiefers und der Lippen ersetzt. Außerdem versucht der Bauchredner, „Lippenlaute" zu vermeiden.

**Schon gewusst?**

**Bereits in der Antike gab es Bauchredner. Der bekannteste von ihnen war Eurykles von Athen. Er lebte im fünften Jahrhundert vor Christus und wird sowohl von dem Komödiendichter Aristophanes als auch von Platon und dem römischen Geschichtsschreiber Plutarch erwähnt.**

## Wie funktioniert unsere Verdauung?

Unser Körper verbraucht ständig Energie, etwa bei Bewegungen, beim Sehen, Denken oder Wachsen. Damit die verbrauchte Energie wiederhergestellt werden kann, muss man essen und Nahrung zu sich nehmen. Die Verdauung einer kompletten Mahlzeit dauert etwa 24 Stunden. Zuerst wird das Essen mit den Zähnen zerkleinert, anschließend kommt der Speichel dazu und alles wird vermischt.

Unverdauliche Nahrungsreste werden wieder ausgeschieden.

### Auf dem Weg nach unten

Die zerkleinerte Nahrung gelangt dann durch die Speiseröhre in den Magen. Dort wird sie mithilfe der Magensäfte zu einem flüssigen Brei verwandelt und etwa vier Stunden lang ordentlich durchgeknetet. Im sechs Meter langen Dünndarm findet der Großteil der Verdauung statt. Die meisten Nährstoffe aus der Nahrung gelangen von hier aus ins Blut.

Im Dickdarm wird dem Nahrungsbrei das Wasser entzogen, was etwa sechs bis sieben Stunden dauert. Außerdem werden die unverdaulichen Reste eingedickt und für die Ausscheidung vorbereitet.

## Warum knurrt der Magen?

Ein Mensch kann zwar zur Not auch mehrere Wochen ohne Essen überleben. Allerdings macht einen der Magen schon sehr schnell und lautstark darauf aufmerksam, dass man Hunger hat.

Der Magen gehört zum Verdauungsapparat (siehe Seite 13 rechts). Er ist in ständiger Bewegung, egal ob er voll oder leer ist. Zuerst vermischt sich der Speisebrei mit den Magensäften. Anschließend wird das Ganze ordentlich durchgeknetet und dann weiter in den Darm geschoben. Diese Aufgabe übernehmen die Muskeln, aus denen der Magen zum größten Teil besteht.

Hunger!

**Komische Geräusche**

Nun hört der Magen aber nicht auf, sich zu bewegen, sondern befördert anstelle von Speisebrei Luft in den Darm. Ein Teil des Zwölffingerdarms trägt übrigens den bezeichnenden Namen Knurrdarm. Dort entstehen die typischen Knurr-Geräusche, weil die Luft im Magen zusammengedrückt wird. Beim Magenknurren handelt es sich also in Wirklichkeit um ein „Darmknurren".

## Wie können wir etwas schmecken?

Auf der Zunge befinden sich Geschmacksknospen.

Der Geschmackssinn ist einer unserer fünf Sinne. Mit ihm können wir darüber entscheiden, ob uns etwas schmeckt oder nicht. Man unterscheidet zwischen den Hauptgeschmacksrichtungen süß, sauer, bitter und salzig. Die Sinneszellen, die wir zum Schmecken brauchen, befinden sich auf der Zunge.

**Geschmäcker sind verschieden**

Die Geschmacksknospen auf der Zunge liegen je nach der Geschmacksrichtung, für die sie zuständig sind, an unterschiedlichen Stellen. 1908 wurde übrigens von dem Japaner Kikunae Ikeda (1864–1936) die Geschmacksrichtung umami (fleischig, herzhaft) entdeckt, die besonders eiweißreiche Nahrung anzeigt.

**Probiers aus!**

**Mit dem Geschmackssinn ist der Geruchssinn ganz eng verbunden. Das kann man leicht testen, indem man sich die Nase zuhält und dann mit geschlossenen Augen versucht, die Geschmacksrichtung eines Bonbons oder Gummibärchens zu erkennen.**

## Geschmackstest

Wie gut dein Geschmackssinn ausgebildet ist, kannst du gemeinsam mit einem Freund oder einer Freundin ausprobieren. Für den Test eignen sich besonders solche Lebensmittel, die sich nicht schon an ihrer Form und Festigkeit erkennen lassen. Eine kleine Auswahl findest du im Kasten rechts.

**Dazu benötigst du:**

**verschiedene Sorten Saft**
**verschiedenfarbige Gummibärchen**
**Bonbons**
**unterschiedliche Eissorten**
**Ketchup**
**Senf**
**Mayonnaise**

### Und so gehts:

Wie wäre es, wenn du den Geschmackstest zusammen mit deinen Freunden in Form eines Wettbewerbs abhältst? Das könnte beispielsweise ein Programmpunkt bei deiner nächsten Geburtstagsfeier sein. Allerdings sollte dann aber ein Erwachsener als Schiedsrichter mit dabei sein. Außerdem braucht ihr ja auch jemanden, der die verschiedenen „Testobjekte" bereithält und austauscht.

Die Testperson darf zuvor auf keinen Fall sehen, was alles zur Auswahl steht. Sonst wäre der Geschmackstest ja viel zu einfach! Bevor also die ausgewählten Lebensmittel gebracht werden, muss sie sich die Augen verbinden.

Nachdem die Teller oder Schüsseln wieder entfernt worden sind, schreibt die Testperson all jene Lebensmittel auf einen Zettel, von denen sie glaubt, dass sie beim Test dabei waren. Wer die meisten Sachen erkannt hat, hat gewonnen.

### Mund und Nase

Wir schmecken aber nicht nur mit dem Geschmackssinn allein. Vielmehr ist er sehr eng mit dem Geruchssinn verbunden. Um das nachzuprüfen, kannst du den Geschmackstest zunächst mit zugehaltener Nase machen. Wenn du den Test wiederholst und dir die Nase nicht mehr zuhältst, wirst du dich mit dem Erkennen gleich viel leichter tun.

**Schon gewusst?**

**Geschmackssinn und Geruchssinn gehören sehr eng zusammen. Das kann man auch daran sehen, dass einem bereits das Wasser im Mund zusammenläuft, wenn man nur den Duft von Kuchen oder einem leckeren Braten wahrnimmt.**

## Wie kommt das Loch in den Zahn?

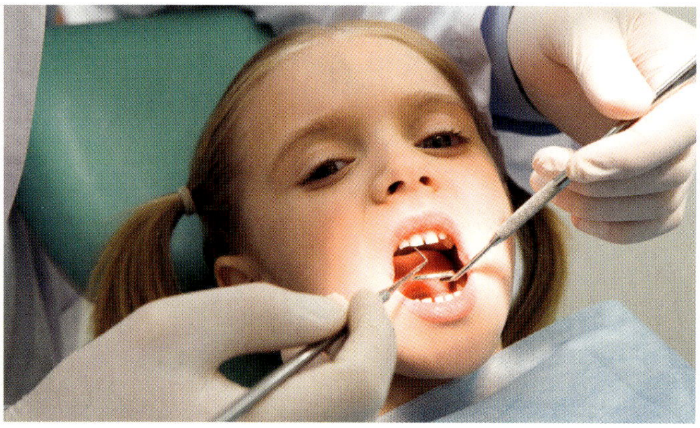

Beim Zahnarzt

Die Löcher in den Zähnen bezeichnet man als Karies. Sie entsteht, wenn man Zucker isst, der dann von bestimmten Bakterien zu Säure umgewandelt wird. Diese Säure löst den Kalk aus dem Zahnschmelz und frisst sich immer tiefer in den Zahn hinein.

Der härteste Stoff in unserem Körper ist der Zahnschmelz. Denn die Zähne müssen den größten Druck im Körper aushalten. Aber auch der Zahnschmelz ist ständigen Angriffen ausgesetzt. Das ist umso gefährlicher, da diese Beschädigungen nicht von selbst wieder verheilen.

**Achtung!**

**Zucker ist nicht nur in Süßigkeiten, sondern auch in vielen anderen Lebensmitteln enthalten. Für die Zähne ist es besonders schädlich, wenn man ihn in kurzen Abständen hintereinander zu sich nimmt. Denn dann hat der Speichel nicht genug Zeit, den Zucker wieder von den Zähnen zu spülen.**

## Wieso muss man weinen, wenn man Zwiebeln schneidet?

Beim Zwiebelschneiden tränen die Augen.

Wer schon einmal beim Zwiebelschneiden geholfen oder auch nur dabei zugeschaut hat, hat sicher auch gemerkt, wie einem dabei plötzlich die Augen tränen. Allerdings ist nicht jeder Mensch gleich empfindlich.

**Eine Schutzreaktion der Augen**

Dass die Augen anfangen zu tränen, ist eine Schutzreaktion gegen die „Dämpfe", die aus der zerschnittenen Zwiebel aufsteigen. Deren Inhaltsstoffe will das Auge wieder herausspülen. Alle Zellen einer Zwiebel enthalten nämlich in ihrer äußeren Schicht schwefelhaltige Aminosäuren. Beim Zerschneiden der Zwiebel werden diese Aminosäuren aufgespalten und die Schwefeldämpfe freigesetzt.

**Tipp!**

**Wem die Augen beim Zwiebelschneiden zu sehr tränen, der kann dabei eine Taucherbrille aufsetzen. Es hilft aber auch, wenn man währenddessen einen Schluck Wasser im Mund behält.**

## Wie funktionieren unsere Augen?

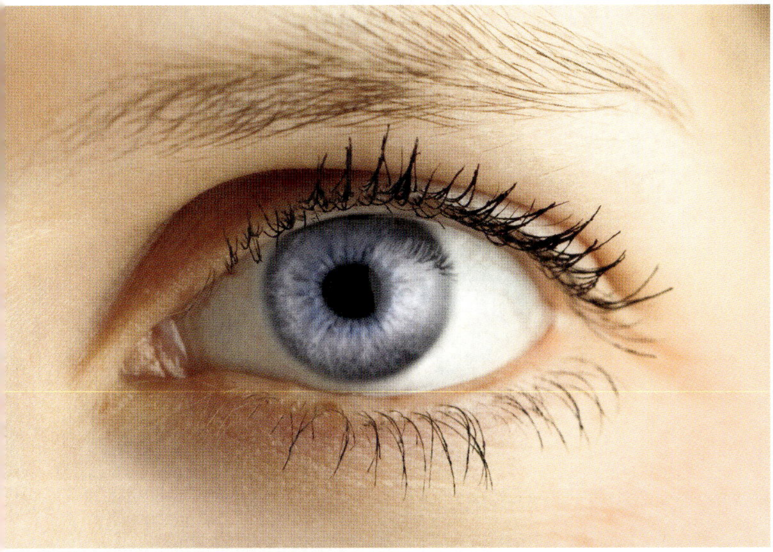

Die Augen sind die wichtigsten Sinnesorgane des Menschen.

Der Sehsinn ist für uns der wichtigste Sinn. Denn wie die Menschenaffen und manche Vogelarten sind auch wir Menschen „Augentiere“. Wir können räumlich sehen, Entfernungen einschätzen und auch winzige Bewegungen wahrnehmen. Beide Augen liegen an der Vorderseite des Kopfes, sodass der Großteil der Umgebung mit beiden Augen gleichzeitig wahrgenommen werden kann.

**Lichtstrahlen treffen auf das Auge**

Das Auge ist eine Kugel, dessen Inneres, der Glaskörper, aus einer durchsichtigen Masse besteht. Umhüllt ist es von der Lederhaut, an der die Augenmuskeln ansetzen. An der Vorderseite besteht diese aus einer durchsichtigen Hornhaut.

Wenn Licht auf einen Gegenstand trifft, wird es von ihm zurückgeworfen. Diese Lichtstrahlen treffen dann auf die Hornhaut und werden durch die dahinterliegende Linse gebündelt. So trifft ein scharfes Bild auf die Netzhaut an der Rückseite des Augapfels. Dieses Bild wird dann von den Sehzellen über den Sehnerv an das Gehirn weitergeleitet.

## Wieso haben wir „Schlaf“ in den Augen?

Manchmal, wenn wir aufwachen, haben wir „Schlaf“ in den Augen. Diese kleinen Krümel sind nichts anderes als getrocknete Tränenflüssigkeit. Allerdings entstehen sie nicht, weil wir schlecht geträumt und deswegen geweint haben.

Vielmehr sind unsere Augen immer von einem dünnen Film aus Tränenflüssigkeit bedeckt. Dadurch trocknen sie nicht aus und werden außerdem vor Verletzungen durch winzige Schmutzteilchen geschützt. Dieser Film aus Tränenflüssigkeit transportiert die Fremdkörper zum inneren Augenwinkel, wo sie aus dem Auge gespült werden.

**Während der Nacht**

Beim Schlafen wird fast keine Tränenflüssigkeit produziert, weil die Augen ja geschlossen und deshalb geschützt sind. Wenn sich aber noch Schmutzreste im Auge befinden oder die Augen entzündet sind, wird auch nachts Tränenflüssigkeit gebildet. Diese wird dann im Augenwinkel ausgeschieden und zurück bleiben die kleinen Krümel.

Beim Schlafen sind die Augen geschützt.

## Warum müssen wir niesen?

Nicht nur bei Schnupfen muss man niesen, sondern auch, wenn man Staub in die Nase bekommt oder direkt in die Sonne schaut. Niesen ist ein Reflex, durch den verhindert werden soll, dass Fremdkörper durch die Nase eindringen. Das können Bakterien und Staub ebenso sein wie der Schleim, den man bei Schnupfen aus den Atemwegen herausbefördert.

**Eine Explosion**

Man holt tief Luft, hält kurz den Atem an, die Atmungsmuskeln ziehen sich schlagartig zusammen und es kommt zu einer Explosion von bis zu 160 Kilometern je Stunde. Aber auch gegen grelles Sonnenlicht schützt das Niesen, da man dabei die Augen zusammenkneift.

### Achtung!

**Das Niesen kann man unterdrücken, indem man sich die Nase zuhält. Allerdings sollte man das nur im Notfall tun, zum Beispiel im Theater. Wenn man ab und zu das Niesen unterdrückt, schadet das nicht. Wenn man aber sowieso schon krank ist, können die Nasenschleimhäute weiter geschädigt werden und Nasenbluten oder Kopfweh die Folge sein.**

Wenn du direkt in die Sonne schaust, musst du niesen.

## Wieso läuft die Nase, wenn es kalt ist?

Normalerweise ist es ein Zeichen von Schnupfen, wenn die Nase läuft. Denn der Körper versucht auf diese Weise, die Krankheitserreger wieder aus den Atemwegen herauszubekommen. Allerdings ist eine Erkältung nicht immer der Grund für eine laufende Nase.

**Eine gute Durchblutung**

Zum Schutz der Atemwege muss die Nasenschleimhaut nicht nur alles Mögliche aus der Nase hinausbefördern. Sie muss beispielsweise auch das Eindringen von zu kalter Luft in die Lunge verhindern. Wenn es sehr kalt ist, werden die Nasenschleimhäute deshalb besser durchblutet und schwellen an. Und dabei produzieren sie zusätzliche Feuchtigkeit, sodass die Nase zu laufen beginnt.

Besonders wenn es kalt ist, läuft die Nase.

### Schon gewusst?

**Jeden Tag werden 10.000 bis 20.000 Liter Atemluft durch die Nase geleitet, die möglichst die richtige Temperatur und Luftfeuchtigkeit haben sollten. So wird bei minus zehn Grad Celsius die Luft in der Nase um etwa 30 Grad erwärmt.**

## Warum vergessen wir nicht zu atmen?

Sauerstoff ist für uns Menschen lebensnotwendig. Er muss dem Körper ständig neu zugeführt werden und schon eine kurze Unterbrechung der Sauerstoffversorgung kann tödlich sein. Deshalb ist die Atmung eine Sache, die unser Körper ganz automatisch macht. Sie wird von Gehirnteilen gesteuert, die nicht bewusst kontrolliert werden können.

**Einatmen und ausatmen**

Wir atmen etwa 15-mal pro Minute, das sind 21.600-mal am Tag und 7.884.000-mal im Jahr. Dabei gelangt die Luft durch Mund oder Nase in die Luftröhre und dann in die beiden Lungenflügel. Dort wird der Sauerstoff über die Lungenbläschen an den Blutkreislauf abgegeben. Beim Einatmen zieht sich das Zwerchfell, eine Muskelplatte zwischen Brust und Bauch, zusammen. Dadurch drücken die Rippenmuskeln die Rippen und mit ihnen die vordere Lungenseite nach außen. So entsteht ein Unterdruck, Luft wird angesaugt. Beim Ausatmen entspannen sich die Muskeln und die Luft wird wieder aus der Lunge hinausgedrückt.

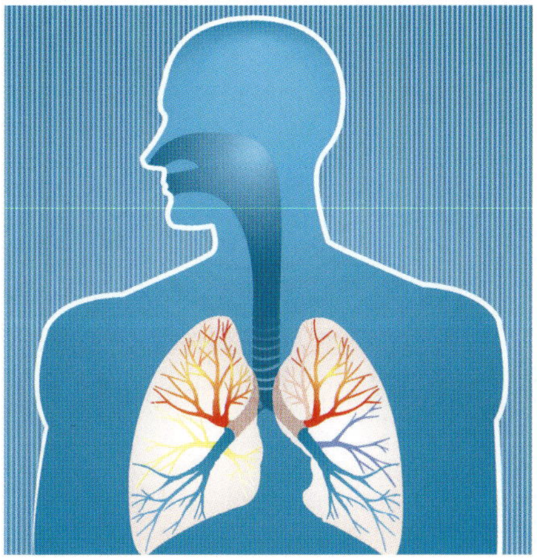

Die Lunge ist ein sehr großes Organ.

## Warum wird man blau, wenn man keine Luft bekommt?

Wenn man zu lange im kalten Wasser war oder nicht genug Luft bekommt, nehmen Lippen oder Gesicht eine bläuliche Farbe an. Beides hat den gleichen Grund: Sauerstoffmangel.

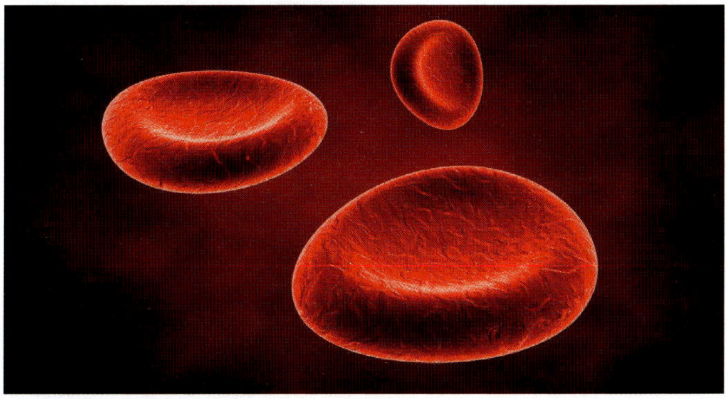

Rote Blutkörperchen transportieren Sauerstoff.

**Eine andere Farbe**

Das Blut verändert nämlich je nach Menge des Sauerstoffs seine Farbe. Ist genug Sauerstoff im Blut vorhanden, hat der rote Blutfarbstoff Hämoglobin durch die veränderte Eisenverteilung einen kräftigeren und helleren Farbton. Wenn man dauerhaft bläuliche Lippen hat, kann das also auch an einem Eisenmangel liegen.

Bei Unterkühlung konzentriert sich das Blut stärker in den lebenswichtigen Organen, um in ihnen die notwendige Körpertemperatur aufrechtzuerhalten. „Unwichtige" Körperteile werden dann weniger durchblutet.

**Schon gewusst?**

**Wenn Babys zu sehr schreien, werden sie blau im Gesicht. Dann nämlich wird in der Lunge nicht mehr genügend Luft ausgetauscht und das Baby kann nur noch mit wenig Sauerstoff versorgt werden.**

## Wie funktioniert unser Gleichgewicht?

Seiltänzer brauchen einen besonders guten Gleichgewichtssinn.

Dass wir stehen können ohne umzufallen, verdanken wir dem Gleichgewichtsorgan. Dieses befindet sich in unserem Innenohr und besteht aus drei Bogengängen und zwei Säckchen, die mit einer schwabbeligen Flüssigkeit gefüllt sind.

In ihr schwimmen die „Ohrsteinchen“, die sich bei jeder Bewegung des Kopfes oder des Körpers mitbewegen. Sie verschieben ihrerseits die kleinen Haarzellen, die in die Flüssigkeit hineinragen und ihre veränderte Position an das Gehirn melden.

### Die Reisekrankheit

**Beim Autofahren, im Bus, im Flugzeug oder bei starkem Wellengang auf Schiffen wird einem oft übel und etwas mulmig. Wenn wir uns nämlich in einem Fahrzeug befinden, bewegen wir selbst uns nicht von der Stelle, sondern nur das Fahrzeug. Die Augen melden aber eine schnelle Bewegung an unser Gehirn. Diese verschiedenen Reize können nicht richtig zugeordnet werden und kommen so als Fehlermeldung im Gehirn an.**

## Wie kommt der Gedanke ins Gehirn?

Das Gehirn ist die Schaltzentrale unseres Körpers. In den 100 Milliarden Nervenzellen entstehen sämtliche Befehle, die an die verschiedenen Körperteile weitergeleitet werden. Und dort oben im Gehirn befindet sich neben dem Sprachzentrum auch das Zentrum unserer Erinnerung und unserer Gedanken.

### Schon gewusst?

**Beim Lernen und beim Sprechen miteinander helfen sogenannte Spiegelneuronen. Während man eine andere Person beobachtet, lösen diese Nerven Reaktionen aus, die diejenigen der anderen Person widerspiegeln. Diese Spiegelneuronen steuern Gefühle ebenso wie das Lachen, das Gähnen, den Gesichtsausdruck oder andere Bewegungen.**

**Elektrische Signale**
Bei jedem Gedanken werden Verbindungen der Nervenzellen aktiviert. Elektrische Signale verknüpfen dann die unterschiedlichen Regionen des Gehirns miteinander. Forschungen haben gezeigt, dass man, wenn man die richtige Stelle im Gehirn durch ein elektrisches Signal trifft, sogar von außen die Gedanken eines Menschen beeinflussen kann.

Das Gehirn funktioniert wie eine Schaltzentrale.

## Wie funktioniert unsere Erinnerung?

Ohne Gedächtnis könnten wir nicht leben. Wir könnten nicht sprechen und wüssten nicht, wer wir oder unsere Freunde sind, wo wir wohnen oder was man essen kann. Unser Gedächtnis besteht aus dem Kurzzeit- und dem Langzeitgedächtnis.

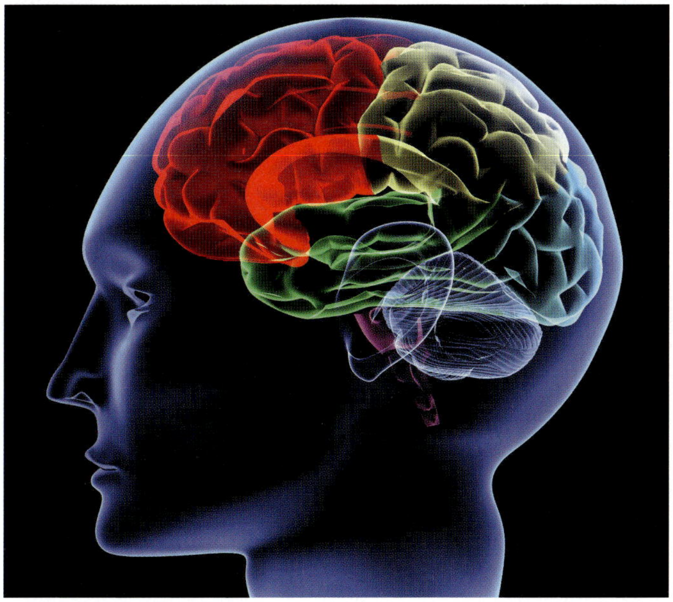

Ohne Gedächtnis wäre ein Leben undenkbar.

Alles, was wir erleben, hinterlässt in unserem Gehirn Spuren. Ständig bilden sich neue Verknüpfungen, während überflüssige Verbindungen gelöscht werden. Zunächst wird alles im Kurzzeitgedächtnis gespeichert. Erst dann entscheidet unser Gehirn, ob die Information wichtig genug ist, um sie endgültig im Langzeitgedächtnis zu speichern.

**Speichern oder löschen?**

Das Kurzzeitgedächtnis ist das Arbeitsgedächtnis unseres Gehirns. Hier wird beispielsweise ein Satz einer Unterhaltung gespeichert, bis wir auf ihn geantwortet haben. Oder die aktuelle Verkehrssituation, wenn wir entscheiden müssen, ob wir eine Straße überqueren können. Diese Dinge sind danach unwichtig und werden deshalb gelöscht.

## Wieso träumt man?

Fast ein Drittel des Lebens verbringen wir mit Schlafen. Der Körper schöpft in dieser Ruhezeit wieder Kraft. Deshalb steigt bei längerem Schlafmangel der Blutdruck an, unser Magen rebelliert und man fühlt sich oft niedergeschlagen.

Aber nicht nur der Körper braucht den Schlaf, besonders unser Gehirn ist auf ihn angewiesen. Das Gehirn begibt sich beim Schlafen nämlich nicht zur Ruhe, sondern verarbeitet und sortiert die Erlebnisse des Tages und stellt neue Verknüpfungen her.

**Vom Tiefschlaf zur Traumphase**

Der Schlaf besteht aus mehreren Phasen: Zu Beginn steht der erholsame Tiefschlaf und am Ende die Traumphase. In ihr werden nicht nur bestimmte Erlebnisse, sondern auch unbewusste Ängste, Wünsche und Probleme aufgearbeitet. Das dauert etwa 90 Minuten und beginnt dann wieder von vorn.

Ausreichend Schlaf ist wichtig für den Körper.

**Kleiner Tipp!**

**Es ist tatsächlich möglich, im Schlaf zu lernen. Dafür sollte man allerdings nicht zu spät ins Bett gehen und kurz vor dem Einschlafen das, was man lernen will, noch einmal aufmerksam durchlesen.**

## Woher weiß der Arm, dass er sich bewegen soll?

Die Fähigkeit des menschlichen oder tierischen Körpers, sich zu bewegen, wird Motorik genannt. Dabei unterscheidet man vor allem zwei Arten. Zum einen gibt es die Reflexe, also die Bewegungen, die der Körper automatisch macht (Atmung, Verdauung, Blinzeln) und von Geburt an beherrscht. Zum anderen gibt es die sogenannte Willkürmotorik, also die bewussten Bewegungen, die er teilweise erst üben muss.

**Muskeln und Nerven**

Damit sich der Körper bewegen kann, sind seine starren Knochen durch Gelenke verbunden. Vor allem aber braucht er Muskeln, die die Bewegungen ausführen, und Nerven, die die Befehle vom Gehirn überbringen. Alle Bewegungen werden vom zentralen Nervensystem gesteuert. Das Gehirn sendet über die Nervenbahnen einen elektrischen Impuls an die Muskeln, die dann eine Bewegung durchführen. Übrigens wird für fast alle Bewegungen eine Vielzahl von Muskeln benötigt!

Mit unseren Armen können wir viele Bewegungen ausführen.

## Warum bekommt man Muskelkater?

Wenn du zu viel Sport treibst oder eine ungewohnte, anstrengende Tätigkeit zu lange ausübst, dann bleibt das meist nicht ohne Folgen: Du bekommst mit großer Wahrscheinlichkeit einen Muskelkater.

**Training hilft!**

Früher glaubte man, dass Muskelkater durch eine erhöhte Milchsäureproduktion entstünde. Doch mittlerweile weiß man, dass Milchsäure auch bei Sportlern erzeugt wird, die keinen Muskelkater bekommen. Wenn bestimmte Körperteile zu sehr beansprucht werden, entstehen in den Muskeln winzige Risse.

Diese entzünden sich, füllen sich mit Wasser und schwellen an. Dagegen hilft nur regelmäßiges Training und Aufwärmen vor dem Sport.

Bevor du Sport machst, solltest du dich immer gut aufwärmen.

**Kleiner Tipp!**

**Um Muskelkater zu vermeiden, hilft es, wenn man viel Kirschsaft trinkt. Sauerkirschen wirken nämlich entzündungshemmend. In mehreren Studien hat man bewiesen, dass sowohl die Leistungsfähigkeit der Muskeln erhöht als auch die Empfindlichkeit gegenüber Schmerzen verringert wird.**

# Essen & Trinken

## Warum sprudeln Brausetabletten?

Sobald Brausetabletten und Brausepulver mit Wasser in Berührung kommen, fangen sie an zu sprudeln und lösen sich auf. Es gibt viele Tabletten mit medizinischen Wirkstoffen, die als Brausetabletten angeboten werden, beispielsweise Kopfschmerztabletten oder hustenstillende Arzneimittel.

In aufgelöster Form können Medikamente nämlich viel leichter vom Blut aufgenommen werden. Neben solchen Heilmitteln werden übrigens auch Vitamin- und Nährstoffpräparate als Brausetabletten verkauft.

**Eine chemische Reaktion**
Das Sprudeln beim Auflösen einer Tablette in Wasser ist eine chemische Reaktion. Sie entsteht, wenn sich kohlensaures Salz durch das Zusammentreffen von Wasser und einer Säure zersetzt. Meistens wird hierfür Zitronensäure verwendet.

Vitamine in Form von Tabletten

## Wie entsteht Mineralwasser?

Eine kühle Erfrischung

Wenn es regnet, fließt ein Teil des Wassers an der Erdoberfläche direkt in die Bäche oder Flüsse. Der Rest versickert im Boden. Ein Großteil davon gelangt nach kurzer Zeit ins Grundwasser. Ein gewisser Teil jedoch durchdringt die verschiedenen Gesteinsschichten und wird dadurch gereinigt und gefiltert. Dies kann mehrere Jahrhunderte dauern.

**Kohlensäure im Wasser**
Da viele Mineralien und Spurenelemente wie Natrium, Kalzium, Magnesium oder Eisen wasserlöslich sind, wäscht das Wasser diese heraus und nimmt sie in sich auf. Durchwandert das Wasser auf seinem Weg in die Tiefe vulkanisches Gestein, reichert es sich auch mit Kohlensäure an.

**Schon gewusst?**
**Mineralwasser gehört zu den beliebtesten Erfrischungsgetränken in Deutschland. 140 Liter werden davon durchschnittlich von jedem Bewohner unseres Landes in einem Jahr getrunken.**

## Warum macht Kaffee wach?

Kaffee enthält Koffein.

Viele Erwachsene trinken am Morgen nach dem Aufstehen eine Tasse Kaffee, um schneller wach zu werden. Aus dem gleichen Grund tun sie das ab dem späten Nachmittag nicht mehr. Denn sie befürchten, dass sie dann abends nicht einschlafen können. Aber warum?

**Koffein wirkt belebend**

Kaffee wird aus Kaffeebohnen, den gerösteten und gemahlenen Samen des afrikanischen Kaffeebaumes, hergestellt. Dieser wird mittlerweile in 50 Ländern in aller Welt angebaut. Ein sehr wichtiger Inhaltsstoff ist das Koffein. Es ist für die belebende Wirkung des Kaffees verantwortlich. Ähnliche Wirkstoffe wie im Kaffee sind auch in schwarzem Tee und in Cola enthalten.

### Schon gewusst?

**Tatsächlich kann man innerhalb der ersten 15 Minuten, nachdem man Kaffee getrunken hat, besonders gut einschlafen. In dieser Zeit wird nämlich das Schlafzentrum im Gehirn besser durchblutet. Verpasst man aber diesen Zeitpunkt, beginnt das Koffein zu wirken.**

## Wie kommt der Tee in den Beutel?

Tee, egal ob schwarzen Tee oder Kräutertee, kann man in jedem Supermarkt in Form von Teebeuteln kaufen. Die fertig abgepackten Teebeutel sind sehr praktisch, da die kleinen Teeblätter nicht mehr extra in einen speziellen Filter gegeben werden müssen.

Besonders edlen Tee gibt es allerdings nur lose in Blechdosen zu kaufen, da so sein Geschmack besser erhalten bleibt. Bevor der Tee aber im Beutel landet, durchläuft er mehrere Produktionsschritte.

**Viele einzelne Schritte**

Nachdem die Teeblätter gepflückt wurden, laufen sie auf Fließbändern durch einen Welktunnel. So werden die Blätter weich und zart. Beim anschließenden Rollen der Blätter werden ihre Pflanzenzellen aufgebrochen und Duftstoffe freigesetzt. Dann wird der Tee noch einmal angefeuchtet.

Mithilfe chemischer Prozesse kann der Tee nun so bearbeitet werden, dass er seinen jeweils typischen Geschmack entwickelt. Dieser Vorgang muss aber rechtzeitig abgebrochen werden, sonst geht der Geschmack verloren. Zum Schluss kann der Tee getrocknet und in Beutel verpackt werden.

Teebeutel sind sehr praktisch.

## Wie wird aus Obst und Gemüse Saft?

Aus allen Früchten kann man Saft herstellen. Saft wird gewonnen, indem man Obst, Beeren oder auch Gemüse auspresst. Dieser Saft ist sofort trinkfertig. Allerdings ist er nicht besonders haltbar. Wenn man ihn etwa zwei Tage lang stehen lässt, beginnt er zu gären und bekommt einen säuerlichen Geschmack.

Ein frisch gepresster Orangensaft schmeckt lecker!

Industriell hergestellter Saft wird deshalb gleich nach dem Pressen erhitzt, haltbar gemacht und in Flaschen oder Tetrapaks abgefüllt.

**Probiers aus!**
**Ein frisch gepresster Orangensaft schmeckt lecker und ist obendrein auch noch sehr gesund. Für ein Glas Orangensaft benötigst du zwei bis drei große Orangen. Diese halbierst du und drückst sie dann mithilfe einer Saftpresse aus. Fertig ist der Fruchtsaft!**

## Woraus bestehen Gummibärchen?

Gummibärchen sind eine spezielle Sorte von Fruchtgummis. Sie bestehen aus Zucker, Zuckersirup, Wasser und Farb- und Geschmacksstoffen. Die Bärchen fühlen sich gummiartig an, was sie dem Zusatz von Gelatine oder anderen Geliermitteln wie zum Beispiel Pektin verdanken.

Die ersten Gummibärchen wurden 1922 von Hans Riegel (1893–1945) in seiner Einmannfabrik in Bonn hergestellt, aus denen sich später die bekannten Goldbären® von HARIBO® entwickelten. So erklärt sich auch der Name der Firma.

Gummibärchen gibt es in allen Formen und Farben.

**Tipp!**
**Gummibärchen kannst du selbst herstellen. Pro Farbe und Geschmack brauchst du 200 bis 250 Milliliter Wasser, eine Packung Götterspeisepulver, Gelatine, Zucker und Zitronensaft. Götterspeise und Gelatine in kochendem Wasser verrühren und je nach Geschmack Zucker und Zitronensaft dazugeben. Dann die Flüssigkeit einen halben Zentimeter dick in eine große flache Form geben und zum Festwerden in den Kühlschrank stellen. Nach acht bis zwölf Stunden kannst du mit Plätzchenformen Figuren ausstechen.**

## Wie wird aus Tomaten Ketchup?

Tomatenketchup gehört bei Kindern zu den beliebtesten Soßen überhaupt. Egal ob zu Nudeln, Würstchen oder Pommes frites: Ketchup passt zu sehr vielen Gerichten.

Tomatenketchup wird aus Tomaten beziehungsweise Tomatenmark hergestellt, mit Zucker, Essig und Gewürzen gekocht und dann mit Konservierungsmitteln haltbar gemacht. Wenn du Lust hast, kannst du Tomatenketchup auch selbst herstellen. Lass dir dabei aber am besten von einem Erwachsenen helfen.

**Dazu benötigst du:**

**500 Gramm Tomaten**
**eine halbe Knoblauchzehe**
**eine halbe Zwiebel**
**einen Teelöffel Gemüsebrühe**
**einen Teelöffel Zucker**
**einen Esslöffel Essig**
**Salz, Pfeffer**

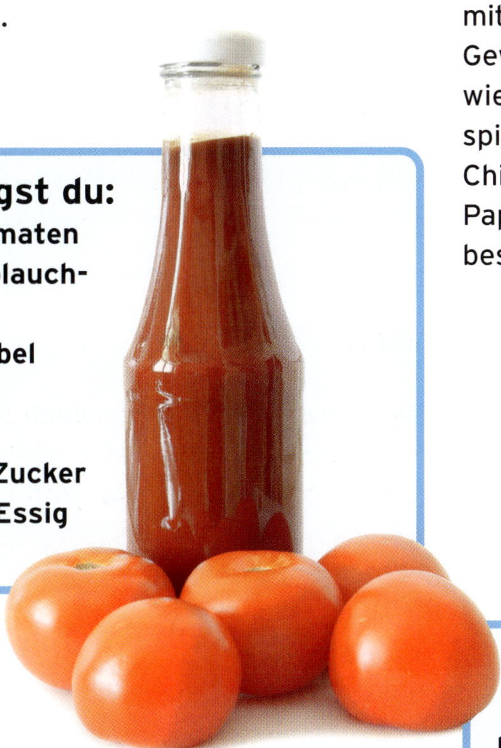

**So gehts:**
Die Tomaten kurz mit kochendem Wasser übergießen, dann schälen und vierteln. Anschließend mit einem Pürierstab sorgfältig zerkleinern. Bei mittlerer Hitze zehn Minuten köcheln lassen und immer wieder umrühren. Knoblauch und Zwiebel schälen und ebenfalls pürieren. Mit den übrigen Zutaten etwa eine Stunde weiterköcheln lassen. Zum Schluss kannst du das fertige Ketchup in leere Flaschen oder Gläser abfüllen und mehrere Wochen im Kühlschrank aufbewahren.

## Wie stellt man Kartoffelchips her?

Um Kartoffelchips herzustellen, muss man zunächst die rohen Kartoffeln schälen und in hauchdünne Scheiben schneiden. Dann werden sie in Salzwasser eingelegt und gewässert, abgetrocknet und kurz in Pflanzenöl frittiert. Zum Schluss kann man sie noch salzen und – je nach Geschmack – mit anderen Gewürzen wie beispielsweise Chili oder Paprika bestreuen.

Kartoffelchips sind hauchdünn.

**Schon gewusst?**

**Die Kartoffelchips wurden vermutlich versehentlich erfunden. Als sich 1853 in Amerika ein Hotelgast ständig über zu dicke frittierte Kartoffeln beschwerte, die ihm obendrein zu wenig gewürzt waren, schnitt der Koch George Crum (1822–1914) die Kartoffelscheiben aus lauter Wut schließlich so dünn, dass man sie nicht mehr mit der Gabel essen konnte. Außerdem würzte er sie mehr, als er es normalerweise tat. Der Gast aber war begeistert und die Chips entwickelten sich bald zu einem Verkaufsschlager.**

## Wie kommt die Sardine in die Dose?

Bestimmt hast auch du schon einmal im Supermarkt die kleinen bunten Konservendosen gesehen, in denen Sardinen angeboten werden. Meist handelt es sich dabei um Ölsardinen, also um Fische, die in Öl eingelegt sind. Wie aber kommen nun die Sardinen in die Dose?

### Silbrig glänzende Fische

Sardinen sind eine Unterart der Heringe. Sie leben in großen Schwärmen im Atlantik, in der Nordsee und im Mittelmeer. Dort fangen Fischer die silbrig glänzenden Fischchen und bringen sie in die Fabrik. Bei uns werden die fingerlangen Sardinen meist im Ganzen weiterverarbeitet und in Öl eingelegt.

Sie können auch enthäutet und entgrätet werden. Dann werden die Sardinen gekocht und kommen mit dem Öl oder einer anderen Soße in eine Dose, die luftdicht verschlossen wird. Um den Dosenfisch nun haltbar zu machen, wird alles zusammen erneut auf über 100 Grad Celsius erhitzt.

Sardinen in einer Konservendose

## Wie kommt der Fisch in die Stäbchen?

Fischstäbchen haben eine goldgelbe Kruste.

Fischstäbchen gehören zu den Lieblingsspeisen vieler Kinder. Doch bevor die goldbraun panierten Stäbchen auf den Teller kommen, muss erst noch der Fisch gefangen und verarbeitet werden.

Für Fischstäbchen und andere Fischfilets wird meistens Alaska-Seelachs verwendet, der in großen Schwärmen im Nordpazifik lebt. Bereits auf dem Fangschiff werden die Fische sortiert, enthäutet, entgrätet und tiefgefroren.

### An Land

In Fabriken an Land werden sie weiterverarbeitet. Dort zerteilt man die gefrorenen Fischblöcke mit Sägen in die gewünschte Größe der Fischstäbchen-Rohlinge. Diese schwimmen dann durch ein Bad mit Panade – so heißt der Überzug, der wie ein Teig aussieht.

Knapp 20 Sekunden lang werden die panierten Fischstäbchen nun vorgebraten. Das geht so schnell, dass der Fisch dabei nicht auftaut. Zum Schluss werden die Fischstäbchen noch in Schachteln verpackt und tiefgekühlt zu den Supermärkten transportiert.

## Wie entsteht Popcorn?

Wenn man im Kino seine Tüte Popcorn in der Hand hält, kann man sich gar nicht so richtig vorstellen, dass das einmal Maiskörner waren. Popcorn kann man allerdings nur aus Maiskörnern herstellen, die besonders viel Wasser enthalten. Wenn die Körner nämlich erhitzt werden, dehnen sich die Wasserteilchen in ihnen aus, sodass ein starker Überdruck entsteht und die Körner platzen. Die Stärke, die wie in allen Getreidekörnern auch im Mais vorhanden ist, tritt dabei als Schaum aus, der aber sofort fest wird.

### Probiers aus!

**Um Popcorn selbst herzustellen, brauchst du speziellen Popcornmais, den du im Reformhaus kaufen kannst. Die Maiskörner gibst du in einen Topf oder eine Pfanne mit Öl, und zwar so, dass sie nebeneinander- und nicht aufeinanderliegen. Damit dir später das Popcorn nicht um die Ohren fliegt, setzt du einen Deckel darauf. Jetzt musst du nur noch warten, bis die Maiskörner platzen. Zum Schluss kannst du das Popcorn noch mit etwas Zucker süßen.**

Popcorn gibt es oft im Kino.

## Wie wird Schokolade gemacht?

In der Schweiz und in Deutschland wird weltweit am meisten Schokolade gegessen. Dabei kommt die Schokolade ursprünglich aus Mittelamerika, wo bereits die Azteken und Maya (indianische Kulturvölker aus Mittelamerika) aus den Kakaobohnen Getränke zubereiteten.

**Der Herstellungsprozess**
Um Schokolade, wie wir sie kennen, zu erhalten, müssen zunächst die Kakaobohnen getrocknet, geröstet und in kleine Stücke gebrochen werden. Dann entfernt man die Schalenteile der Kerne und das Innere wird gemahlen. Dabei tritt Fett aus, die sogenannte Kakaobutter. Diese verbindet die Bruchstücke zu einer zähflüssigen Kakaomasse.

Eine Tafel Schokolade

Damit daraus Schokolade wird, gibt man Zucker, Milchpulver und teilweise Kakaobutter dazu. Dann wird alles in großen Walzen hauchdünn zerrieben und erneut erhitzt. Nach mehreren Erwärmungs- und Rührdurchgängen kann nun die flüssige Masse in Formen gegossen werden.

### Vorsicht!

**Haustiere darfst du nicht mit Schokolade füttern. Für sie ist Schokolade nämlich giftig und kann sogar tödlich sein!**

## Woraus bestehen Pommes frites?

Pommes frites werden aus Kartoffeln gemacht. Zunächst schneidet man diese in Stäbchen und gibt sie dann in die Fritteuse, wo sie in kochendes Öl getaucht werden. Man kann die Pommes frites aber auch in den Backofen geben und dort knusprig braun backen.

Pommes mit Ketchup sind sehr beliebt.

**Schöne gelbe Kartoffeln**

Selbst gemachte, frische Pommes muss man zweimal in die Fritteuse geben, sonst werden sie nämlich innen zu weich und außen zu braun. Tiefgefrorene Pommes haben den ersten Frittierdurchgang bereits hinter sich. Für die Pommesproduktion verwendet man nach Möglichkeit gelbe Kartoffeln, damit die Pommes hinterher schöner aussehen. Gleichzeitig müssen sie viel Stärke enthalten, damit die knusprigen Stäbchen nicht zu sehr einfallen.

### Schon gewusst?

**In den verschiedenen Ländern hat man auch bezüglich der Pommes frites unterschiedliche Vorlieben. Bei uns bevorzugt man eher dünne, knusprige Kartoffelstäbchen. Dagegen mögen beispielsweise die Belgier, die als Erfinder der Pommes frites gelten, die Pommes lieber dick und mehlig.**

Achtung, Übergewicht!

## Warum wird man dick, wenn man viel isst?

Jeder Mensch muss essen, um seinem Körper Nährstoffe, Energie und Vitamine in ausreichender Menge zu liefern. Allerdings benötigt der Körper nur eine bestimmte Menge dieser Stoffe. Wie viel der Körper im Einzelnen braucht, hängt unter anderem von seiner Größe ab und davon, was er den ganzen Tag über tut und wie viele Kalorien oder Energie er dabei verbraucht.

**Fettreserven**

Alles, was der Körper aktuell nicht benötigt, wird aber nicht einfach wieder ausgeschieden, sondern in Körperfett umgewandelt, als Vorrat für schlechte Zeiten sozusagen oder auch als Schutz gegen die Kälte. In Naturvölkern, bei denen das Nahrungsangebot nicht immer gleich ist, ist das natürlich sinnvoll. Bei uns jedoch kann man jederzeit in den Supermarkt gehen und sich nach Lust und Laune etwas zu essen kaufen.

## Wie erhält man Zucker?

Zucker wird aus verschiedenen Pflanzen, Blättern, Stängeln, Früchten oder Wurzeln gewonnen. Der weiße Haushaltszucker (Kristallzucker, Raffinadezucker) besteht fast vollständig aus Saccharose. Das ist die chemische Bezeichnung einer Zuckerart und die umgangssprachliche Bezeichnung für Zucker.

**Vielerlei Zuckerpflanzen**
Saccharose wird von vielen Pflanzen durch Fotosynthese (siehe Seite 85 unten) hergestellt und aus Zuckerrohr und Zuckerrüben, vereinzelt auch aus Zuckerpalmen und Zuckerahorn gewonnen. Dazu presst man die Pflanzenteile aus oder kocht sie. Danach wird der Zucker gereinigt, entfärbt und veredelt.

Zucker ist ein Süßungsmittel.

**Schon gewusst?**
**In Polynesien wird Zuckerrohr seit 8000 vor Christus angebaut. Von dort gelangte es nach Persien und Indien. Um 600 vor Christus wurde in Persien erstmals der heiße Zuckerrohrsaft in Holz- oder Tonkegel gefüllt. So entstand der Zuckerhut, den es auch heute noch im Supermarkt zu kaufen gibt.**

## Wie wird Zuckerwatte gemacht?

Für viele Menschen gehört die Zuckerwatte zu einem Jahrmarktbesuch einfach dazu. Sie wurde 1897 von dem Zahnarzt William Morrison zusammen mit dem Konditor John C. Wharton in Amerika erfunden und erstmals auf der Weltausstellung in St. Louis im Jahr 1904 der Öffentlichkeit vorgestellt.

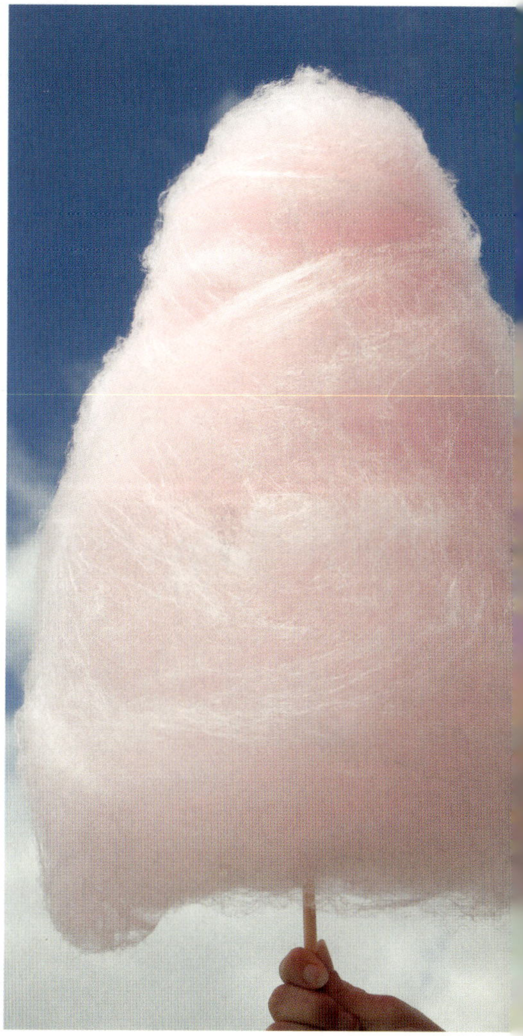

Zuckerwatte gibt es oft auf Jahrmärkten.

**In der Zuckerwattemaschine**
Zuckerwatte besteht aus nichts anderem als fünf bis sechs Gramm Zucker. Dieser wird in der Zuckerwattemaschine bei 150 Grad Celsius geschmolzen und flüssig gemacht. Mithilfe der Drehbewegung einer Zentrifuge (Schleuder) wird er dann zu hauchdünnen Fäden zersponnen, die mit einem Holzstab aufgefangen werden.

Während die flüssigen Zuckerfäden von dem heißen Spinnkopf der Maschine weggeschleudert werden, kühlen sie schlagartig ab und erstarren zu der weißen „Watte“. Gibt man bunte Lebensmittelfarben hinzu, kann Zuckerwatte übrigens in vielen verschiedenen Farben und Geschmacksrichtungen hergestellt werden.

## Wie gewinnt man Salz?

Weltweit gibt es rund 300 Fundorte des Minerals Halit, aus dem Kochsalz gewonnen wird. Heutzutage wird es vor allem in Deutschland, Österreich, Kanada und den USA in Salzbergwerken abgebaut und danach mithilfe von Wasser herausgelöst. Daneben wird auch sogenanntes Siedesalz gewonnen, indem man Salzlake verdampft.

Früher bezeichnete man Salz auch als „Weißes Gold".

**Salz aus dem Meer**

In heißen Ländern wird Salz auch aus dem Meerwasser gewonnen. Dazu legt man Salinen an, also flache Becken, in die das Meerwasser eingeleitet wird. Sonne und Wind lassen das Wasser darin verdunsten. Danach kann das auskristallisierte Salz (im Durchschnitt 3,5 Gramm pro Liter) eingesammelt werden.

### Schon gewusst?

**Salz gehört zu den für uns Menschen lebenswichtigen Mineralien. Da diese Tatsache bereits vor mehreren Tausend Jahren bekannt war, begannen die Menschen schon damals mit dem Salzabbau. Das älteste Salzbergwerk Europas liegt in Polen und wurde etwa ab 3500 vor Christus betrieben.**

## Wie entstehen Cornflakes?

Vielleicht weißt du ja schon, dass Cornflakes aus Mais hergestellt werden. Aber bis aus den Maiskörnern die fertigen Cornflakes entstehen, dauert es eine Weile. Zunächst entfernt man die Schale der Maiskörner, sodass nur noch der Mehlkörper übrig bleibt. Dieser wird mit Zucker, Malz, Salz und Geschmacksstoffen versetzt und zwei Stunden lang in einem Dampfdrucktopf gekocht.

Cornflakes mit Milch werden oft zum Frühstück gegessen.

### Schon gewusst?

**Die Cornflakes wurden 1894 von den Brüdern John Harvey und William Keith Kellogg zufällig erfunden, als sie gesunde Nahrung aus Getreide entwickeln wollten. Ab 1906 begann William Kellogg in einer eigenen Fabrik mit der Vermarktung der Cornflakes.**

**Ab in den Toaster**

So entsteht eine teigartige Masse, die mit Heißluft angetrocknet, flach gewalzt und in kleine Stücke geteilt wird. Zum Schluss werden die Flocken 90 Sekunden lang bei einer Temperatur von 230 bis 330 Grad Celsius getoastet. Da während des Herstellungsprozesses fast alle im Mais enthaltenen Vitamine verloren gehen, werden die Maisflocken vor dem Verpacken noch mit einer Vitaminlösung besprüht.

## Woraus besteht Kaugummi?

Kaugummi ist nicht nur bei Kindern sehr beliebt, auch Erwachsene greifen häufig auf ihn zurück. Allerdings ist er für sie weniger eine Süßigkeit, mit der man Blasen machen kann, als vielmehr ein Mittel, um den Atem zu verbessern. Entsprechend schmecken Kaugummis, die von Erwachsenen bevorzugt werden, meist nach Minze und anderen Kräutern. Kinder dagegen greifen lieber zu Kaugummis mit fruchtigen Geschmacksrichtungen.

Kaugummis gibt es in vielen verschiedenen Geschmacksrichtungen.

**Kaugummis in der Steinzeit**

Kaugummis bestehen aus einer gummiartigen Masse, auf der man mehrere Stunden herumkauen kann, ohne dass sie zerfällt. Kaugummis gibt es übrigens schon seit der Steinzeit. Damals handelte es sich um Baumharze, auf denen unsere Vorfahren herumkauten. In der Antike verwendete man Mastix, ebenfalls ein Baumharz. Heute besteht die Kaumasse aus Kunststoffen, die mit Zellulose oder Kieselsäure sowie mit Weichmachern und Geschmacksstoffen versetzt werden.

## Wie stellt man Eis her?

Speiseeis gibt es bereits seit mehr als 2000 Jahren. Schon die alten Griechen kannten eine Speise aus Gletscherschnee, Früchten und Honig, die einem Sorbet (Halbgefrorenes) sehr ähnlich gewesen sein muss. Und auch Alexander der Große hatte eine Vorliebe für Wassereis. Heutzutage ist Eis nicht mehr nur ein Luxus für die Reichen. Mittlerweile gibt es viele Eisdielen und fast in jedem Supermarkt kann man sich ein Eis kaufen.

An heißen Sommertagen schmeckt ein Eis besonders lecker.

**Die Zutaten**

Eis besteht aus Flüssigkeit (Wasser, Milch oder Sahne), Zucker und den Zutaten, die die Geschmacksrichtung bestimmen (Vanille, pürierte Früchte, Kakao, Nüsse). Die Zutaten werden gefroren (unter minus zehn Grad Celsius). Das geschieht unter ständigem Rühren.

Dadurch werden die Eiskristalle zerkleinert und das Eis wird schön cremig. Ohne eine Eismaschine ist das allerdings etwas mühsam, da das Eis abwechselnd gerührt und in das Tiefkühlgerät gestellt werden muss.

## Wie entsteht Butter?

Butter herzustellen ist ganz einfach. Denn wenn man Sahne zu lange schlägt, wird plötzlich Butter daraus. Milch ist eine Fett-in-Wasser-Emulsion, also eine wässrige Flüssigkeit, in der fettige Bestandteile gleichmäßig verteilt sind.

**In der Molkerei**
In einem Milchverarbeitungsbetrieb wird die Sahne von der Milch getrennt und abgeschöpft. Wenn bei der Butterung der Rahm geschlagen wird, lagern sich die Fettkügelchen des Rahms noch enger zusammen.

Dafür muss, ähnlich wie beim Sahneschlagen (siehe Seite 37 unten), ihre Eiweißhülle zerstört werden. Je länger die Masse geschlagen wird, desto mehr Butteröl tritt aus und verklebt die entstandenen Fettklumpen miteinander, bis eine feste Masse entsteht.

### Schon gewusst?
**Butter wird bereits seit mehreren Tausend Jahren hergestellt. Sogar in der Bibel, in den Sprüchen Salomos im Alten Testament, heißt es: „Wenn man Milch stößt, so macht man Butter daraus."**

Butter wird aus Milch hergestellt.

## Wie entsteht Joghurt?

Wie viele andere Lebensmittel ist auch Joghurt ein Milchprodukt. Er wird mithilfe von Milchsäurebakterien hergestellt. Diese wandeln den in der Milch enthaltenen Zucker in Milchsäure um. Die Milch verdickt und es entsteht Joghurt.

**Viele Bakterien**
Bei den Milchsäurebakterien handelt es sich keineswegs um eine spezielle Bakterienfamilie. Vielmehr werden unter diesem Begriff ganz unterschiedliche Bakterienarten zusammengefasst. Ihr gemeinsames Kennzeichen ist, dass sie zur Gewinnung von Energie auf Kohlenhydrate, also zum Beispiel auf Zucker (siehe Seite 31 links), angewiesen sind. Die Umwandlung von Milchzucker in Milchsäure bezeichnet man übrigens als Fermentierung oder Gärung.

Fruchtjoghurt gibt es in den verschiedensten Geschmacksrichtungen.

### Schon gewusst?
**Joghurt gehört bei vielen Völkern zu den Grundlebensmitteln. Er kann nämlich im Gegensatz zu Milch leichter ohne Kühlschrank aufbewahrt werden. Das Wort Joghurt kommt aus dem Türkischen und bedeutet so viel wie „gegorene Milch".**

# Selbst Joghurt machen

Es ist gar nicht so schwer, Joghurt selbst herzustellen, anstatt welchen im Supermarkt zu kaufen. Das hat einerseits den Vorteil, dass man ganz genau weiß, welche Zutaten der Joghurt enthält, und dass keine Haltbarkeitsmittel hinzugegeben wurden. Außerdem kann man bei selbst gemachtem Joghurt genau die Früchte und Geschmacksstoffe hinzufügen, die man am liebsten mag. So kannst du ganz leicht deinen Lieblingsjoghurt selbst entwickeln.

## Dazu benötigst du:

**Milch (am besten H-Milch)**
**Naturjoghurt**
**verschiedene Früchte oder Beeren**
**Zucker oder Honig**
**Geschmacksstoffe**
**(Vanille, Zitronenschale und so weiter)**
**einige Schüsseln oder Schälchen**

Beim Einkaufen der Zutaten solltest du unbedingt darauf achten, dass die Milch und der Joghurt den gleichen Fettgehalt haben. Nur so können sich nämlich die Joghurtkulturen am besten vermehren.

## Und so gehts:

Zu Beginn füllst du die Milch in die Schälchen und gibst etwas Joghurt hinein. Nun stellst du alles für einige Zeit in den Backofen, der auf 40 Grad Celsius vorgeheizt sein sollte. Den Rest erledigen die Milchsäurebakterien.

Nach etwa zwei bis acht Stunden sollte der Joghurt fest geworden sein. Danach lässt du ihn abkühlen. Wenn du möchtest, kannst du den Joghurt auch in den Kühlschrank stellen. So wird er noch fester.

Dort ist er übrigens bis zu zwei Wochen haltbar. Bevor du deinen selbst gemachten Joghurt verspeist, kannst du ihn noch mit etwas Zucker oder Honig süßen. Noch besser schmeckt er, wenn du Früchte oder Beeren daruntermischst. Falls du gerade keine frischen Früchte zur Hand hast, kannst du den Joghurt auch mit anderen Geschmacksstoffen verfeinern.

Ein Joghurt mit frischen Himbeeren schmeckt lecker!

## Wie wird aus Milch Käse?

Letztendlich ist Käse schlecht gewordene Milch, in der die verschiedensten Bakterien am Werk waren. Allerdings geht dieser Reifungsprozess nicht unkontrolliert vor sich, sondern wird stets überwacht und geprüft.

**Wochen, Monate und Jahre**

Zunächst wird Milch in einem Kessel erhitzt. Später gibt man Säurebakterien und das Enzym Lab dazu. Das bewirkt, dass die Milch dicker wird. Von der verdickten Milch schöpft man dann eine wässrige Flüssigkeit ab, die Molke. Übrig bleiben viele feste Milchklümpchen, der sogenannte Käsebruch. Daraus werden nun die Käselaibe geformt. Im Laufe der nächsten Wochen, Monate oder gar Jahre können durch die Beigabe unterschiedlicher Bakterien die verschiedenen Käsesorten heranreifen.

Aus Milch kann man viele verschiedene Käsesorten herstellen.

### Schon gewusst?

**Das Futter der Kühe kann tatsächlich den Geschmack des Käses beeinflussen. Nicht umsonst wird deshalb mancher Käse als „Bergkäse" verkauft. Denn die würzigen Gräser und Kräuter der Bergwiesen verleihen dem Käse wirklich eine ganz spezielle, würzige Note.**

## Warum stinkt Käse?

Es ist – zum Glück – nicht bei allen Käsesorten so. Aber manche haben einen Geruch, den viele Leute nur noch als Gestank empfinden. Dieser Geruch geht nicht direkt von dem Käse aus, sondern wird von den Bakterien verursacht, die in ihm arbeiten. Diese Bakterien haben wirklich viel zu tun, denn sie müssen etwa 13 Liter Milch in ein Kilogramm Käse verwandeln.

**Bakterien im Käse**

Um die ganze Sache in Gang zu bringen, werden schon ziemlich zu Beginn der Käseherstellung die ersten Bakterien eingerührt. Außerdem kommt Lab, ein Bestandteil des Kälbermagens, dazu. Da ist es dann kein Wunder, dass Käse einen sehr eigenen Geruch entwickelt. Je reifer ein Käse ist, desto stärker riecht er übrigens.

### Achtung!

**Käsefüße haben nichts mit dem echten Käse zu tun. Der Geruch erinnert jedoch manchmal an alten Käse. Wesentlich passender werden sie auch als Schweißfüße bezeichnet.**

Käsefüße stinken zwar auch, haben aber nichts mit dem richtigen Käse zu tun.

## Wie kommen die Löcher in den Käse?

Manche Käsesorten, zum Beispiel der Emmentaler, haben viele unregelmäßige kleinere oder größere Löcher. Aber warum? Werden sie etwa von jemandem hineingebohrt, und wenn ja, wozu soll das gut sein?

Dass diese Löcher nicht nachträglich von einem Menschen hineingebohrt werden, siehst du, wenn du in die Käseabteilung eines Supermarktes gehst und dir den Käse frisch von einem großen Laib herunterschneiden lässt. Denn auch im Käseinneren, also an den Stellen, an die man von außen gar nicht herankommt, befinden sich Löcher.

Dieser Käse hat viele Löcher.

**Bakterien erzeugen Gase**

Die Löcher entstehen, während sich die Milch allmählich in Käse verwandelt. Verantwortlich dafür sind spezielle Arten von Bakterien. Diese stammen aus einem bestimmten Teil des Magens von Rindern, dem sogenannten Labmagen. Sie werden dem Käse während seiner Herstellung beigefügt. Die Bakterien erzeugen ein Gas, das in der weichen Käsemasse unterschiedlich große Blasen bildet.

## Warum wird Sahne steif?

Wenn man Schlagsahne im Supermarkt kauft, ist sie in flüssigem Zustand. Die in ihr enthaltenen Fettmoleküle sind zu kleinen Fetttröpfchen zusammengeballt. Diese schwimmen gleichmäßig verteilt in der Flüssigkeit.

Damit Sahne steif wird, muss man sie schlagen.

**Das steckt dahinter**

Beim Schlagen der Sahne wird die Eiweißhülle der Tröpfchen beschädigt. Die Fetttröpfchen verklumpen miteinander und die Luftblasen sowie die wässrigen Bestandteile der Sahne werden mit eingerührt. Dadurch wird die Sahne fest. Sahne braucht, damit sie zum Schlagen geeignet ist, einen Fettanteil von mindestens 30 Prozent.

**Schon gewusst?**

**Um als Schlagsahne verkauft werden zu dürfen, muss Sahne beim Schlagen ihr Volumen um ein Vielfaches vergrößern.**

## Wie entsteht die Haut auf warmer Milch?

Bitte langsam umrühren!

Wer gerne warme Milch oder warmen Kakao trinkt, hat sich sicher auch schon über die Haut geärgert, die sich oftmals an der Oberfläche bildet. Wenn man Milch erhitzt, verändert sich ihre Struktur und das Verhältnis ihrer Inhaltsstoffe. Denn das in der Milch enthaltene Wasser beginnt zu verdampfen, während alles andere, unter anderem das Milcheiweiß, im Topf zurückbleibt.

Durch die Erwärmung flockt das Milcheiweiß aus und steigt nach oben. Dort wo es mit der kühleren Luft zusammentrifft, wird es fest und bildet die Milch- oder Kakaohaut.

**Achtung!**
**Am ehesten lässt sich die Entstehung dieser Haut verhindern, wenn man die Milch ganz, ganz langsam erhitzt und dabei immer wieder umrührt.**

## Warum knackt das Knäckebrot?

Knäckebrot ist ein flaches, äußerst dünnes Brot, das meistens aus Vollkorngetreide beziehungsweise Roggenschrot hergestellt wird. Indem man es ganz kurz und ganz heiß bäckt und anschließend trocknen lässt, wird es hart und knusprig.

Nach dem Trocknen enthält das Brot fast kein Wasser mehr. Beißt man hinein, ertönt daher das typische knackende Geräusch.

Knäckebrot ist lange haltbar.

**Schon gewusst?**
**Das Wort Knäckebrot kommt aus dem Schwedischen, wo auch das Rezept erfunden wurde. „Knäcka" bedeutet so viel wie „knacken". Während es bei uns meist in rechteckiger Form verkauft wird, ist das originale „knäckebröd" aus Schweden rund.**

**Knäckebrot auf Vorrat**
Weil es kaum Wasser enthält, ist Knäckebrot besonders haltbar und lässt sich auch in größeren Mengen auf Vorrat backen. Das war vor allem in früheren Zeiten wichtig, als man noch keine richtigen Möglichkeiten hatte, Lebensmittel für den Winter haltbar zu machen.

## Warum wackelt Wackelpudding?

Wackelpudding oder Götterspeise, wie er auch genannt wird, ist sehr leicht herzustellen. Gelatineblätter werden gemäß der Packungsanweisung eingeweicht und dann in warmen Fruchtsaft eingerührt, bis sie sich aufgelöst haben. Bis sie sich ganz verfestigt haben, dauert es allerdings mehrere Stunden.

**Das steckt dahinter**

Das typische Wackeln entsteht, weil die Gelatine den Pudding mit unzähligen spiralförmigen Eiweißfasern durchzieht. Diese halten die Masse zusammen, wirken aber gleichzeitig auch wie Federn, sodass der Pudding schon bei leichten Erschütterungen zu zittern anfängt.

**Tipp!**

**Wenn du einen Wackelpudding verschenken möchtest, kannst du ihn unterschiedlich einfärben. Dafür brauchst du Fruchtsaft in verschiedenen Farben und Geschmacksrichtungen. Sobald die erste Schicht fest geworden ist, beginnst du mit der Herstellung der zweiten Schicht und so weiter.**

Wackelpudding wird auch Götterspeise genannt.

## Wie kommt das Ei in die Schale?

Die Eierschale schützt das Ei.

Viele Tiere legen Eier, aber nur bei Vögeln und Krokodilen haben die Eier eine feste Schale aus Kalk. Durch die Schale ist das Innere der Eier besonders gut vor Druck geschützt. So besteht keine Gefahr, dass die Elterntiere ihre Jungen beim Brüten versehentlich zerquetschen.

**Eine kalkhaltige Schale**

Im Eierstock des weiblichen Vogels entstehen im Lauf der Zeit Tausende von Eizellen, die nach und nach zu Dotterkugeln heranwachsen. Zunächst bildet sich eine Membran, also ein dünnes Häutchen, um den Dotter. Sobald das Ei befruchtet ist, lagert sich aus verschiedenen Drüsen das Eiklar an den Dotter an. Auf dem Weg durch den Eileiter bildet sich eine Schalenhaut um das Ei.

In der Gebärmutter entsteht schließlich die kalkhaltige Eierschale, die von einem zusätzlichen Häutchen zum Schutz vor Bakterien umgeben ist. Die Schalen der Eier sind luftdurchlässig, damit das Vogeljunge mit Sauerstoff versorgt werden kann. Erst wenn das Ei gelegt wurde, härtet die Schale vollständig aus.

## Warum geht der Kuchen im Ofen auf?

Wer schon einmal Kuchen gebacken hat, weiß, dass er seine endgültige Größe und Leichtigkeit erst im Backofen erreicht. Denn nach einiger Zeit beginnt er dort „aufzugehen" und ordentlich an Größe zuzunehmen. Dieses Aufgehen wird durch das Backpulver bewirkt, das man vorher mit in den Teig gegeben hat.

**Gasbläschen im Teig**

Backpulver wird beim Backen wie Hefe (siehe Seite 42 oben) als Backtriebmittel benutzt und ist meistens eine Mischung aus Natron und einem Säuerungsmittel (zum Beispiel Zitronensäure).

Durch die Hitze im Ofen und dadurch, dass sie mit dem feuchten Teig in Berührung kommen, reagieren Natron und Säure miteinander und setzen Kohlendioxid frei. Es entstehen kleine Gasbläschen, die den Teig auflockern.

Hier war bestimmt Backpulver im Spiel.

**Achtung!**

**Wenn das Haltbarkeitsdatum des Backpulvers überschritten ist, hat es keine Wirkung mehr. Außerdem muss man es unbedingt mit dem Mehl vermischt dem Teig zugeben, damit es nicht direkt mit Flüssigkeit (zum Beispiel Milch) in Berührung kommt.**

## Wie macht man Lebensmittel haltbar?

Lebensmittel in Konservendosen sind besonders lange haltbar.

Das Haltbarmachen von Lebensmitteln war für die Menschen schon immer wichtig. Für den Winter brauchte man Vorräte für mehrere Monate und im Sommer war es besonders in den warmen, südlichen Ländern ein Problem, Fleisch oder Milch auch nur wenige Tage aufzubewahren.

Deshalb entwickelte man bestimmte Methoden, um Lebensmittel länger haltbar zu machen. Dabei bedient man sich chemischer und physikalischer Vorgänge, die den natürlichen Verfall aufhalten.

**Viele Möglichkeiten**

Eine wichtige Methode ist das Erhitzen, wodurch Keime abgetötet werden. So kann man Milch, Saft oder auch Gemüse teilweise für mehrere Jahre haltbar machen. Fleisch und Fisch werden meist geräuchert oder getrocknet.

Bei Milchprodukten und Alkohol fördert man dagegen eine bestimmte Art der Gärung, deren Endprodukte für uns bekömmlich sind. Heute ist es zusätzlich möglich, Lebensmittel einzufrieren, sie unter Hochdruck zu entkeimen (pasteurisieren) oder mit künstlichen Konservierungsstoffen haltbar zu machen.

# Warum werden Kartoffeln beim Kochen weich, Eier dagegen hart?

Egal ob beim Kochen, Backen oder Braten: Immer laufen komplizierte chemische und physikalische Reaktionen ab, die, obwohl man das Gleiche tut, doch ganz unterschiedliche Auswirkungen haben können. So werden beispielsweise manche Lebensmittel durch das Kochen hart, während andere durch denselben Vorgang weich werden.

**Auf die Zusammensetzung kommt es an**

Diese unterschiedlichen Auswirkungen haben ihre Ursache in der Zusammensetzung der betreffenden Lebensmittel. Kartoffeln bestehen beispielsweise aus Stärke, also Kohlehydraten. Sie nehmen das heiße Wasser auf, schwellen dadurch an und werden weich. Eier dagegen bestehen aus Eiweiß, also aus Proteinen. Deren Moleküle kleben zusammen und werden fest, sobald man sie erhitzt. Nur der Eidotter bleibt etwas länger flüssig, weil die Gerinnungstemperatur um etwa acht Grad Celsius höher liegt als bei Eiweiß.

Kartoffeln werden beim Kochen weich.

# Wieso kocht Milch so leicht über?

Milch ist gesund und schmeckt lecker!

Wenn die Milch im Topf überkocht, liegt es nicht einfach nur daran, dass man nicht richtig aufgepasst hat. Denn es ist tatsächlich so, dass Milch ganz plötzlich im Topf ansteigt und dann besonders leicht überkocht. Durch die Erwärmung flockt die Milch aus, das Milcheiweiß steigt nach oben und wird dort fest – in Form einer dünnen Haut.

**Achtung!**

Wenn nun die Milch am Boden des Topfes zu kochen beginnt, will sich der in ihr enthaltene Wasserdampf verflüchtigen. An der Milchoberfläche wird er jedoch von den Milcheiweißverbindungen, also der dünnen Haut, aufgehalten.

Wenn der Druck des Wasserdampfes aber zu groß wird, vermischt er sich ganz plötzlich mit den Milcheiweißen zu Milchschaum. Dieser bekommt wegen des gasförmigen Wasserdampfes ein so großes Volumen, dass er über den Topfrand tritt.

## Was macht eigentlich die Hefe in einem Teig?

Hefe lässt den Teig aufgehen.

Mit Hefe lässt sich vieles zubereiten, beispielsweise Brot, Pizza und Dampfnudeln, aber auch Bier oder Wein. Man braucht nur eine ausreichende Menge davon und einen warmen Ort (etwa 30 Grad Celsius), an dem der Hefeteig keine Zugluft abbekommt.

**Die Hefepilze**

Bei Hefe handelt es sich um einzellige Mini-Lebewesen, genauer gesagt um Pilzorganismen, die nur unter dem Mikroskop sichtbar sind. Sie vermehren sich durch Teilung oder Knospung, bei der sich eine neue Zelle aus der Zellwand der Mutterzelle abspaltet.

Hefepilze sind bei ihrer Vermehrung nicht auf Sauerstoff angewiesen. Sie benötigen jedoch für ihren Stoffwechsel Kohlenstoff, der in einem Teig sowie in Bier und Wein in Form von Zucker oder Stärke vorhanden ist. Zusammen mit einer Flüssigkeit wird der Stoffwechsel der Hefepilze in Gang gesetzt. Dabei scheiden sie kleine Kohlendioxidbläschen aus, die den Teig aufgehen oder im Bier die Kohlensäure entstehen lassen.

## Warum riecht Knoblauch so stark?

Knoblauch ist eine Gewürz- und Heilpflanze, die aus den Steppengebieten in Zentralasien über den Mittelmeerraum nach Europa gekommen ist. Bereits im Altertum war er als Heil- und Nahrungsmittel bekannt und im Mittelalter wandte man Knoblauch sogar als Heilmittel gegen die Pest an.

**Der typische Geruch**

Wenn man Knoblauch im Supermarkt kauft, riecht er noch nicht. Erst später, wenn man den Knoblauch zerkaut oder zerhackt, entsteht sein intensiver Geruch.

Knoblauch erkennt man an seinem typischen Geruch.

Sobald nämlich das Fruchtfleisch beschädigt wird, reagiert ein besonderer Inhaltsstoff des Knoblauchs mit dem Sauerstoff in der Luft – das sogenannte Alliin. Diese Verbindung ist für den starken Geruch verantwortlich, der meist nur schwer zu überdecken ist.

# Himmel & Erde

## Wie entsteht Schnee?

Wenn es ordentlich geschneit hat, kannst du einen Schneemann bauen.

In welcher Form die Niederschläge zur Erde gelangen, hängt vor allem von der Temperatur der oberen Luftschichten ab. Je höher die Luft nach oben steigt, desto mehr kühlt sie ab. Etwa 80 Prozent der Wassertropfen gefrieren sogar in großer Höhe zwischenzeitlich einmal zu Eis, tauen dann auf ihrem Weg zur Erde aber bald wieder auf.

**Auf dem Weg nach unten**

Wenn die Temperaturen in den oberen Luftschichten deutlich unter null Grad Celsius liegen, bilden sich Eiskristalle. Die Eiskristalle sind aufgrund ihrer Form wesentlich leichter als Wassertropfen. Deswegen halten sie sich länger in den Wolken.

Irgendwann werden aber auch sie so schwer, dass sie sich nicht mehr in der Luft halten können und zur Erde fallen. Damit eine Schneeflocke entsteht, müssen sich etwa 100 Eiskristalle verbinden. Die Schneeflocke gelangt aber nur dann bis zur Erde, wenn die Luft überall eine Temperatur von weniger als null Grad Celsius hat.

## Warum ist Schnee weiß und kalt?

Schnee ist gefrorenes Wasser, deshalb ist er so kalt. Aber warum ist er nicht durchsichtig wie Eis, das ja auch aus gefrorenem Wasser besteht?

Das liegt an der unterschiedlichen Entstehungsweise. Wasser wird zu Eis, wenn die Temperatur unter den Gefrierpunkt sinkt. Zu Schnee wird Wasser dann, wenn die Luftfeuchtigkeit hoch ist, wenn es sich also als Gas in der Luft befindet. Die Lufttemperatur muss dabei unter null Grad Celsius liegen.

Schnee fällt in weißen Flocken vom Himmel.

**Viele kleine Schneekristalle**

Bei der Kondensation, wenn also das Gas wieder flüssig wird, entstehen winzige Eispartikel. Aus diesen entwickeln sich nach und nach Eiskristalle und schließlich Schneeflocken. Je größer eine Schneeflocke ist, desto mehr Schneekristalle liegen über- und nebeneinander.

Diese Kristalle kann man sich als kleine Spiegel vorstellen, die das Licht in viele unterschiedliche Richtungen lenken. Das weiße Licht wird dabei vollständig reflektiert. Deshalb erscheint Schnee immer weiß.

## Warum schwimmt Eis?

Ob ein Gegenstand schwimmen kann oder nicht, hängt von seinem Gewicht im Verhältnis zu seiner Größe ab. Ein Gegenstand geht unter, wenn er schwerer ist als die Menge Wasser, die genauso viel Platz braucht wie er selbst. Eis ist gefrorenes Wasser. Aber Eis wiegt weniger als Wasser.

Eiswürfel schwimmen in einem Wasserglas.

**Das steckt dahinter**

Alle Dinge verändern ihre Größe, wenn sich ihre Temperatur ändert, die einen mehr, die anderen weniger. Bei Hitze dehnen sie sich aus. Deshalb hängen im Sommer die elektrischen Überlandleitungen so weit durch. Bei Kälte ziehen sich Dinge zusammen. Ihr absolutes Gewicht bleibt dabei gleich, nur das Gewicht im Verhältnis zur Größe verändert sich.

Beim Wasser gibt es allerdings eine Besonderheit. Bei vier Grad Celsius zieht es sich am meisten zusammen, hier ist ein Liter Wasser am schwersten. Dann dehnt es sich ziemlich schnell wieder aus, bis es bei null Grad zu Eis wird und um ungefähr ein Fünftel leichter ist als Wasser.

## Wieso ist Eis kalt?

So wie bei Druck Wärme entsteht, entsteht durch Ausdehnung Kälte. Ein und derselbe Stoff bekommt so plötzlich ein größeres Volumen. Wenn sich nun ein Gas oder ein anderer Stoff ausdehnt, nimmt der Teilchenabstand in diesem Stoff zu. Dabei wird Arbeit verrichtet, die gegen die Anziehungskräfte der Teilchen innerhalb eines Stoffes wirkt.

**Größeres Volumen**

Die Energie, die für diese Arbeit benötigt wird, wird dem Stoff entzogen. Genauer gesagt: Sie wird der Bewegungsenergie der Teilchen, die sich in dem Stoff befinden, entzogen. Die Teilchen werden langsamer, und der Stoff wird fest und kühlt ab.

Dieser Vorgang lässt sich beim Wasser sogar beobachten. Hier können wir sehr gut sehen, wie das Wasser seine Beweglichkeit verliert, während es zu Eis erstarrt. Und da Eis ja bekanntlich ein größeres Volumen hat als Wasser, ist es auch kälter.

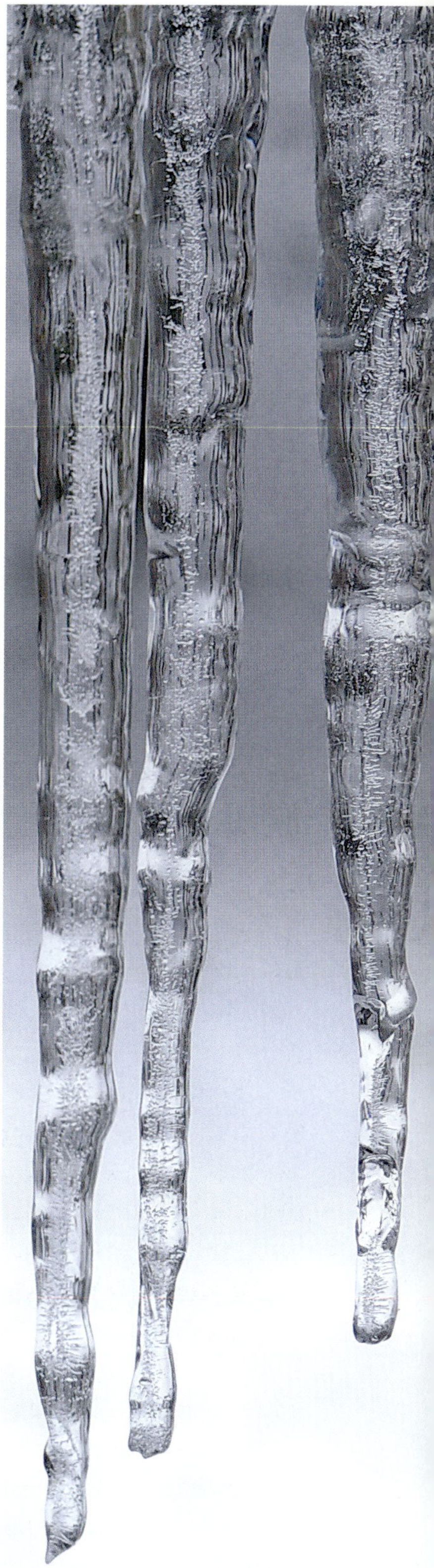

Eiszapfen entstehen, wenn es sehr kalt ist.

## Warum friert das Meer nicht zu?

Natürlich gibt es Gegenden, in denen es so kalt wird, dass selbst das Meer zufriert. So besteht ja auch die Arktis (Nordpol) im Gegensatz zur Antarktis (Südpol) aus einer kilometerdicken Eisschicht, unter der gar kein Land vorhanden ist. Warum aber friert das darunterliegende Meerwasser sogar dort nicht vollständig ein?

Das Meer friert nie vollständig zu.

**Eine Eisschicht als Wärmedämmung**
Zu Beginn des Winters sinkt die Lufttemperatur. Auch die Wasseroberfläche nimmt diese Temperatur an. Das kälter werdende Wasser zieht sich zusammen, wird dadurch schwerer und sinkt nach unten. Wärmere Wasserschichten steigen nach oben, kühlen dort ab und sinken ebenfalls wieder nach unten.

Wasser ist bei vier Grad Celsius am schwersten (siehe Seite 45 links). Sobald aber die Lufttemperatur unter vier Grad Celsius sinkt, wird das Wasser wieder leichter. Allmählich bildet sich eine Eisschicht, die wie eine Wärmedämmung wirkt. Denn unter der Eisdecke herrscht immer eine Temperatur von vier Grad Celsius. Darüber aber herrschen durchaus Minusgrade.

## Wie kann man das Wetter vorhersagen?

Wie wird das Wetter?

Das jeweilige Wetter entsteht aufgrund verschiedener meteorologischer Ereignisse (unter anderem Wind, Sonne, Hoch- und Tiefdruckzonen), die sich alle gegenseitig beeinflussen. Dank langjähriger Erfahrungen kann man aus den aktuellen Wetterverhältnissen das Wetter der nächsten Tage berechnen.

Dafür haben die Meteorologen, auch Wetterforscher genannt, auf der ganzen Welt unzählige Messstationen errichtet. Von diesen werden sie ständig mit aktuellen Messwerten versorgt. Denn je weiter die Wettervorhersage in die Zukunft reichen soll, desto mehr aktuelle Daten aus der ganzen Welt werden dafür benötigt. Natürlich müssen die Meteorologen das alles nicht selbst berechnen, sondern haben dafür leistungsfähige Großrechner.

### Schon gewusst?

**Weltweit sind 11.000 Boden- und Radarstationen, 2800 Schiffe, 750 Bojen, 3000 Flugzeuge, 1800 Wetterballone und 14 Wettersatelliten für die Wetterbeobachtung im Einsatz.**

## Wasser wird zu Eis

Wenn Wasser zu Eis wird, dehnt es sich aus. Dass es dabei tatsächlich noch genauso viel wiegt, obwohl es viel größer wird, ist eigentlich unglaublich. Im folgenden Experiment kannst du das aber ganz leicht nachprüfen.

### Dazu benötigst du:

**eine Plastikflasche (0,75 Liter)**
**einen Messbecher**
**einen halben Liter Wasser**
**einen Kühlschrank mit Gefrierfach oder eine Tiefkühltruhe**
**eine Küchenwaage**

### Und so gehts:

Mit dem Messbecher misst du einen halben Liter Wasser ab und füllst ihn in die leere Plastikflasche. Dann verschließt du die Flasche, aber nicht zu fest. Denn wenn sich das Wasser ausdehnt, braucht es mehr Platz und muss die Luft aus der Flasche verdrängen können.

Vergiss nicht zu markieren, wie hoch das Wasser in der Flasche reicht, und schreibe dir auf, wie viel das Ganze wiegt. Das ist natürlich etwas mehr als das Gewicht des Wassers, denn die Flasche selbst wiegt ja auch etwas. Dann legst du die Flasche ins Gefrierfach oder in die Tiefkühltruhe. Am besten ein bisschen schräg, damit das Wasser nicht ausläuft. Nun wartest du ab, bis das Wasser gefroren ist. Bei einem halben Liter dauert das einige Stunden.

Sobald du die Flasche mit dem gefrorenen Wasser wieder herausnimmst, wirst du sehen, dass sie viel voller geworden ist. Wenn du sie wiegst, wirst du aber auch feststellen, dass sie nicht an Gewicht zugenommen hat.

Du kannst den Versuch natürlich auch mit einer größeren oder kleineren Menge Wasser und auch mit einer anderen Flasche durchführen. Aber Vorsicht: Nimm auf keinen Fall eine Glasflasche! Denn wenn du solch eine Flasche zu voll machst und sich das Wasser dann ausdehnt, kann die Flasche zerreißen.

**Tipp!**

**Wenn du das Experiment mit Fruchtsaft durchführst, kannst du dein Versuchsergebnis im Anschluss lutschen. Dann erhältst du nämlich leckeres Fruchteis!**

## Wie entsteht Regen?

Regen ist ein Bestandteil des ewigen Wasserkreislaufs der Erde. Überall wo Wasser ist, verdampft es auch. Sogar bei Temperaturen, die nur wenig über dem Gefrierpunkt liegen.

Wenn die Luft, die den feinen Wasserdampf enthält, von der Sonne erwärmt wird, steigt sie nach oben. Da es aber in den oberen Luftschichten wesentlich kälter ist, kühlt dort auch die aufsteigende Luft wieder ab.

**Viele kleine Wassertröpfchen**

Der Wasserdampf in der Luft kondensiert und die dadurch entstandenen Wassertröpfchen sammeln sich zu Wolken. Zunächst sind diese Wassertröpfchen sehr leicht, sodass sie schon durch einen kleinen Windhauch in der Luft gehalten werden.

Mit der Zeit verschmelzen aber immer mehr dieser feinen Tröpfchen miteinander. Wenn sich etwa 100 zusammengetan haben, werden die Tropfen allmählich so schwer, dass sie als Regen wieder auf die Erde fallen.

Ein Spaziergang im Regen

## Wie entsteht Hagel?

Hagelkörner im Gras

Besonders im Sommer gibt es in manchen Gegenden immer wieder Hagelschauer, die manchmal große Schäden anrichten. Die Hagelkörner bilden sich in der Wolkenschicht, die bis in eine Höhe von 10.000 Meter emporreicht.

**Die Hagelkörner**

Kleine Graupelkörnchen werden immer wieder von warmen Aufwinden in die obere Wolkenschicht getragen. Dabei schmilzt ihre äußerste Schicht etwas an, sodass sich zusätzliche Schichten aus feinem Wasserdampf an sie anlagern können. Dadurch wachsen sie immer weiter.

Schließlich werden sie so schwer, dass sie trotz des Aufwindes als größere Hagelkörner zur Erde fallen. Ihre Geschwindigkeit ist dabei viel höher als die von Regentropfen oder Schnee.

**Schon gewusst?**

**Das größte Hagelkorn, das jemals gefunden wurde, fiel 2003 im US-Bundesstaat Nebraska vom Himmel. Es war fast so groß wie ein Fußball und wog etwa 750 Gramm.**

# Wie entsteht ein Gewitter?

Jeden Tag gibt es weltweit nahezu 2000 Gewitter. Und etwa 100 Blitze schlagen jede Sekunde auf der Erde ein. Ein Gewitter entsteht bei hoher Luftfeuchtigkeit, wenn die Luft in der Nähe des Bodens wesentlich wärmer ist als in der Luftschicht darüber. Sobald die feuchtwarme Luft aufsteigt, bilden sich aus dem Wasserdampf riesige Quellwolken. Diese können bis in eine Höhe von 16 Kilometer reichen.

Blitze erleuchten den Himmel.

**Blitz und Donner**

Die abgekühlte Luft beginnt gleichzeitig, wieder abzusinken. Dadurch entsteht in den Wolken ein ständiger Wirbel von Auf- und Abwinden. Die Luftmassen und die in ihr enthaltenen Eiskristalle reiben aneinander und laden sich elektrisch auf. Diese Spannung entlädt sich durch die Blitze, die eine Stärke von bis zu 100.000 Ampere haben können. Innerhalb von Sekundenbruchteilen wird die Luft auf 30.000 Grad Celsius erhitzt und dehnt sich in einer Explosion schlagartig aus. Das können wir als Donner wahrnehmen.

# Woher weiß man, wann ein Vulkan ausbricht?

Ein Vulkanausbruch

Vulkanausbrüche kommen nur sehr selten aus heiterem Himmel. Meist kündigen sie sich schon längere Zeit vorher an. Vulkanologen (Vulkanforscher) und Seismologen (Erdbebenforscher) können schon die kleinsten Veränderungen in der Erde mithilfe moderner Technik erfassen (siehe Seite 50 unten).

**Beobachtung rund um die Uhr**

Stellen sie bei den Messungen ungewöhnliche Vorkommnisse fest, wird der betreffende Vulkan rund um die Uhr beobachtet. Das können entweichende Gase, Ausbeulungen der Erde oder leichteste Erderschütterungen sein. Mittlerweile sind relativ genaue Voraussagen darüber möglich, wann und wie ein Vulkan ausbricht.

## Schon gewusst?

**Alle aktiven Vulkane, die sich relativ nahe bei menschlichen Siedlungen befinden, werden überwacht. So können die Menschen, die in der Nähe eines Vulkans wohnen, schneller in Sicherheit gebracht werden. Als aktiv gilt jeder Vulkan, der in den letzten 10.000 Jahren einmal ausgebrochen ist.**

# Wodurch entstehen Erdbeben?

Erdbeben haben eine gewaltige Zerstörungskraft.

Jedes Jahr ereignen sich weltweit ungefähr eine halbe Million Erdbeben. Doch die meisten von ihnen sind so schwach, dass wir sie nicht spüren. Und selbst Erdbeben mit einer Stärke von 6,0, wie sie durchschnittlich alle drei Tage vorkommen, sind für die Menschen nicht von Interesse – solange sie am Meeresgrund oder in unbewohnten Gebieten stattfinden. Deswegen erfahren wir gar nicht, dass es diese Erdbeben gegeben hat.

**In Bewegung**

Erdbeben treten vor allem dort auf, wo die verschiedenen Kontinentalplatten, aus denen die Erdoberfläche besteht, aufeinandertreffen. Schieben sich zwei Kontinentalplatten aufeinander zu oder aneinander vorbei, verkanten sie sich dabei an vielen Stellen. Wenn aber die Spannung oder der Druck zu groß werden, entladen sie sich ruckartig durch Erdstöße.

### Schon gewusst?

**An den Grenzen der Kontinentalplatten entstehen auch viele Vulkane. Dort herrscht nämlich ein sehr großer Druck, der sich in Form von Gasen und Lava entlädt.**

# Wie misst man die Stärke eines Erdbebens?

Die Stärke eines Erdbebens wird mit ganz bestimmten Geräten gemessen, den sogenannten Seismografen. Sie funktionieren großteils alle nach dem gleichen Prinzip. Ein Seismograf besteht aus einer Nadel, an der sich Tinte befindet. Wenn nun die Erde bebt, fährt diese Farbnadel über eine Papierrolle. Dort hinterlässt sie ein Zickzackmuster, mithilfe dessen man die Stärke eines Erdbebens bestimmen kann.

**Die Richterskala**

Erdbeben werden aber auch mit Seismometern gemessen, die ähnlich wie ein Mikrofon funktionieren. Sie verwandeln Schallwellen und Erschütterungswellen in elektrische Signale, die dann aufgezeichnet werden. Die Stärke der Erdbeben wird nach der Richterskala eingeteilt, die 1935 von dem Amerikaner Charles Richter entwickelt wurde.

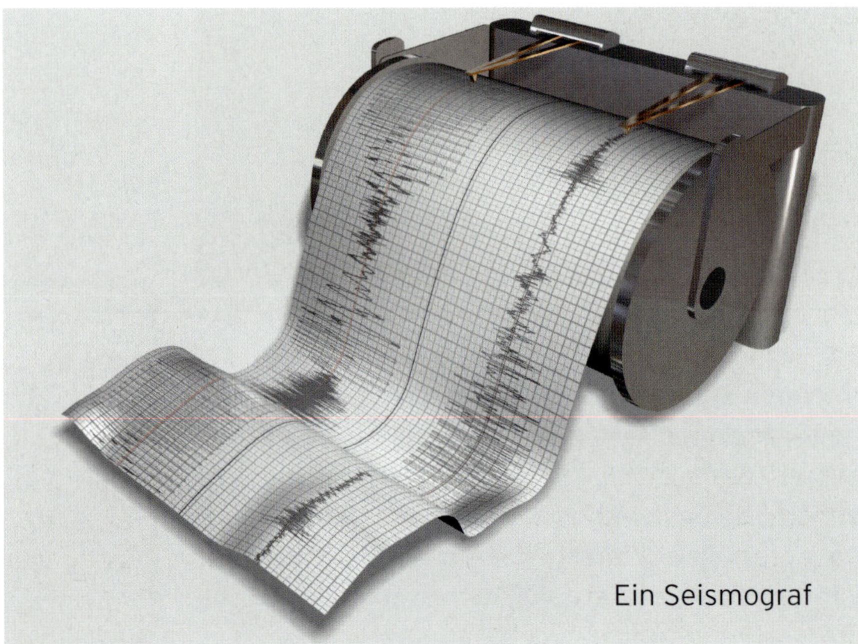

Ein Seismograf

## Wie entstehen Polarlichter?

Wer schon einmal in Skandinavien war, hat vielleicht auch Polarlichter gesehen. Diese leuchtenden Farbspiele am Nachthimmel sind vor allem in den Polarregionen zu beobachten, ab und zu aber auch im Norden Deutschlands.

Lange konnte dieses Phänomen von der Wissenschaft nicht erklärt werden. Doch man vermutete schon immer einen Zusammenhang mit dem Magnetfeld der Erde.

Polarlichter am Nachthimmel

**Der Sonnenwind**

Mittlerweile haben Forschungen im Weltraum ergeben, dass von der Sonne ununterbrochen ein Strom von Elektronen ausgesendet wird, der sogenannte Sonnenwind. Diese Strahlung wird durch das Magnetfeld der Erde seitlich abgelenkt.

Doch nachdem der Sonnenwind an der Erde vorbeigeströmt ist, dringen einige Partikel in die Erdatmosphäre ein und bringen die dort enthaltenen Gase zum Leuchten. Die ständige Veränderung der Polarlichter entsteht durch die unregelmäßige Stärke des Sonnenwindes.

## Wie kommt eine Fata Morgana zustande?

Eine Fata Morgana nennt man heute allgemein eine Sinnestäuschung, also etwas, das man sieht, obwohl es gar nicht da ist. Ursprünglich meinte man damit jedoch das Phänomen, dass Menschen in der Wüste plötzlich Wasser sahen, das aber, sobald sie darauf zuliefen, plötzlich wieder verschwand.

**Unterschiedlich warme Luftschichten**

Nun könnte man vermuten, dass diese Menschen, die oft nahe am Verdursten waren, schon ein bisschen verrückt waren und sich deshalb diese Dinge einbildeten. So ist es aber nicht. Denn sogar bei uns können wir dieses Phänomen an ganz besonders heißen Tagen über asphaltierten Straßen beobachten. Wenn wir zum Beispiel Pfützen sehen, die beim Näherkommen verschwinden.

Eine Fata Morgana ist eine Luftspiegelung. Sie entsteht, wenn unterschiedlich warme Luftschichten zusammentreffen, die eine unterschiedliche Dichte haben. Die Oberseite der warmen Luftschicht biegt sich durch, weil sie mehr Platz braucht, und spiegelt dadurch Dinge, die sich eigentlich in weiter Entfernung befinden. Die Pfützen gibt es also in echt, nur nicht da, wo wir sie sehen.

Eine Fata Morgana in der Wüste

## Warum fallen wir nicht von der Erde?

Lange Zeit glaubte man, die Erde sei eine Scheibe, von deren Rand man herunterfallen könne. Und es ist wirklich schwer vorstellbar, warum man von einer Kugel, die sich noch dazu dreht, nicht herunterfällt. Dafür ist die Schwerkraft verantwortlich.

Dank der Schwerkraft fallen wir nicht von der Erde.

**Eine enorme Anziehungskraft**
Alles, was Masse hat, übt auf andere Dinge eine Anziehungskraft aus. Sind Dinge mit einer viel größeren Masse vorhanden (zum Beispiel die Erde), überdeckt ihre Anziehungskraft alles andere. Alle Körper werden mit ihrem Schwerpunkt voran zur Mitte gezogen. Deshalb spüren auch wir trotz der Kugelform der Erde nicht, ob wir uns oben oder unten befinden.

### Schon gewusst?

**Die Drehbewegung der Erde bemerken wir nicht, weil sich alles andere, also die Luft, Bäume, Häuser und so weiter, mit ihr dreht. Das ist der gleiche Effekt wie in einem Fahrzeug, in dem wir die Fahrgeschwindigkeit auch erst dann spüren, wenn es bremst oder schneller wird.**

## Wer räumt den Müll im Weltraum auf?

Durch die zahlreichen Satelliten in der Erdumlaufbahn sammelt sich allmählich eine beachtliche Menge von Weltraummüll an. Denn alles, was im Weltraum nicht mehr funktioniert oder benötigt wird, wird nicht entsorgt, sondern sich selbst überlassen.

Wie üblich würde das niemanden interessieren, wenn nicht mittlerweile die Raumfahrt durch den Weltraummüll gefährdet werden würde. Zurzeit kreisen etwa 6000 Tonnen Schrott um die Erde. Die Zahl der Schrottteile wird auf etwa eine halbe Million geschätzt. Und diese Zahl erhöht sich weiter, da der Müll immer wieder in kleinere Teile zerbricht.

**Der Weltraumfriedhof**
Weil man die Entstehung von Weltraummüll verhindern will, werden Satelliten mittlerweile in einen Weltraumfriedhof gebracht. Dieser befindet sich in einer entfernteren Umlaufbahn. Oder man versetzt sie in eine niedrigere Umlaufbahn, von der aus sie dann in die Atmosphäre abstürzen und verglühen.

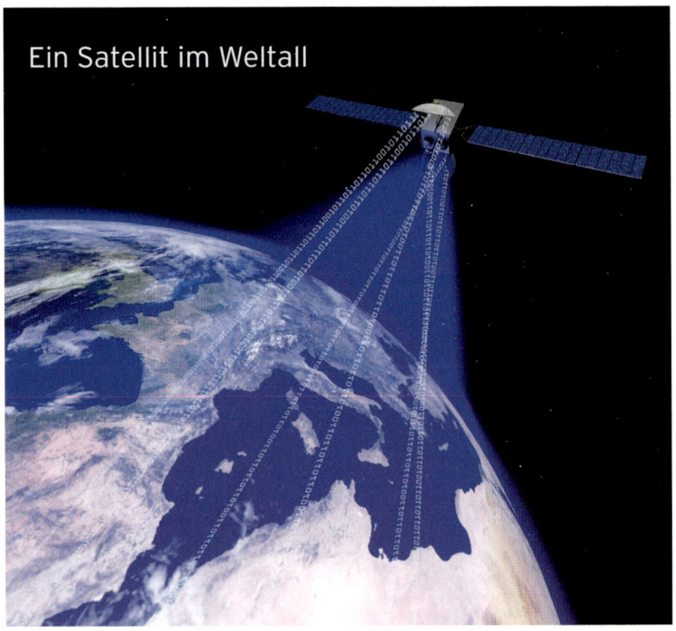
Ein Satellit im Weltall

## Wie kommt der Tunnel in den Berg?

Ein Tunnel führt durch einen Berg.

Je schneller ein Fahrzeug vorwärtskommen soll, desto weniger Hindernisse dürfen ihm im Weg stehen und desto gerader muss die Strecke sein, auf der es sich fortbewegt. Deshalb werden Tunnels gebaut: durch ganze Berge, unterhalb von Großstädten oder auch unter dem Meer hindurch.

**Verschiedene Bauarten**

Die einfachste Art des Tunnelbaus ist die offene Bauweise. Dabei wird der Tunnel von oben her gebaut und später wieder mit Erdmaterial überdeckt. Diese Art kann aber nur bei der Unterführung von Straßen angewendet werden, da hier die Bautiefe relativ niedrig ist.

Normalerweise werden Tunnels von einer oder beiden Seiten unterirdisch gegraben, bis man das Erdreich durchbricht. Bei festem Gestein führt man auch Sprengungen durch, bei lockerem Material wird der Tunnel herausgefräst.

## Warum ist es in der Wüste nachts kalt?

Wüsten sind Gebiete, in denen es kaum Wasser gibt und in denen demzufolge kaum etwas wächst. Es gibt dort keine Bäume, die Schatten spenden. Und da den ganzen Tag die Sonne scheint, wundert es niemanden, dass es dort sehr heiß ist. Nachts allerdings wird es auch in der heißesten Wüste überraschend kalt.

**Trockener Boden**

Die Hitze, die tagsüber herrscht, ist nur sehr oberflächlich vorhanden. Sie dringt kaum in den Boden ein und kann deshalb auch nicht gespeichert werden. Dafür ist der Boden nämlich zu trocken. Außerdem gibt es hier keine isolierende Wolkenschicht, die die Kälte abhält. So kann die Hitze des Tages ungehindert wieder an das Weltall abgegeben werden.

Sanddünen in der Wüste

**Schon gewusst?**

**Aufgrund dieser großen Temperaturunterschiede ist überhaupt erst Leben in der Wüste möglich. Durch sie entsteht in der Nähe des Bodens ein Taupunkt, bei dem selbst aus der trockenen Wüstenluft Tautropfen abgegeben werden. Diese genügen den Wüstentieren und -pflanzen zum Leben.**

## Wie entsteht ein Regenbogen?

Bestimmt hast du schon öfter einmal einen Regenbogen am Himmel gesehen und dich gefragt, wie er eigentlich entsteht. Hier folgt die Antwort: Ein Regenbogen entsteht, wenn es regnet und gleichzeitig die Sonne scheint oder auch nach einem kräftigen Schauer, wenn sich noch viele Wassertropfen in der Luft befinden.

**Farben in einer bestimmten Reihenfolge**

Ein Regenbogen am Himmel

Dabei bricht sich das Sonnenlicht an den Wassertropfen, sodass das weiße Licht in seine einzelnen Wellen- und Farbbereiche aufgespalten wird. Es handelt sich dabei immer um die gleichen Farben in der gleichen Reihenfolge: Lila, Blau, Grün, Gelb, Orange und Rot. Dasselbe Ergebnis kannst du beobachten, wenn weißes Sonnenlicht durch ein Prisma tritt.

**Schon gewusst?**
**Regenbögen kann man nicht überall sehen. Auch treten sie nicht zu jeder Jahreszeit auf. Dies liegt nicht an den jeweiligen Wetterverhältnissen, sondern an der Krümmung der Erde. Nur wenn die Sonne im richtigen Winkel am Himmel steht, ist die Lichtspiegelung auch für uns sichtbar.**

## Warum ist der Himmel blau?

Bereits als Kleinkind weißt du, dass der Himmel blau ist, obwohl er auch grau, schwarz oder rötlich sein kann. Wieso hat er aber überhaupt eine Farbe, wo doch die Luft durchsichtig und der Weltraum ganz schwarz ist?

Ein kräftig blauer Himmel

Unsere Luft, in der sich zum Beispiel Staub und Wassertröpfchen befinden, stellt für das weiße Licht der Sonne ein Hindernis dar. An diesen Teilchen bricht sich das Licht, es wird sozusagen umgeleitet und in unterschiedliche Strahlen zerlegt.

**Blaues Licht**

Weißes Licht wie das Sonnenlicht ist eine Mischung aller verschiedenen Lichtsorten, die jeweils unterschiedliche Wellenlängen haben. Blaues Licht wird beispielsweise stärker gestreut als rotes Licht. Wir auf der Erde können dieses blaue Licht am deutlichsten von allen sehen. Daher erscheint der Himmel blau.

## Warum gibt es Jahreszeiten?

Die vier Jahreszeiten

Die vier Jahreszeiten, wie wir sie in Mitteleuropa kennen, gibt es nicht überall auf der Erde in der gleichen Form. Sie sind abhängig davon, wo man sich auf der Erde befindet. So ist es zum Beispiel in Australien oder Südamerika Winter, wenn es bei uns Sommer ist, und umgekehrt. Außerdem gibt es Gegenden, in denen Sommer und Winter besonders lange dauern, während dort Frühling und Herbst fast ganz ausfallen.

**Die Sonnenscheindauer pro Tag**

Die verschiedenen Jahreszeiten entstehen, weil die Sonne in der jeweiligen Gegend unterschiedlich lange pro Tag scheint. Die Erdachse steht nicht aufrecht, sondern ist etwas geneigt. Durch den Neigungswinkel treffen die Sonnenstrahlen nicht alle Gebiete der Erde in gleichem Maße.

Je weiter ein Land nördlich oder südlich liegt, desto extremer wirkt sich die Neigung der Erdachse auf die Dauer des Sonnenscheins aus. So kommt es, dass am Nordpol und am Südpol im Sommer die Sonne ununterbrochen scheint und es im Winter nie hell wird.

## Wie entstehen Tag und Nacht?

Tag und Nacht im Wechsel

Der Wechsel zwischen Tag und Nacht entsteht, weil sich die Erde auf ihrem Weg um die Sonne auch um sich selbst dreht. Für eine solche Umdrehung braucht sie genau 24 Stunden. Für den Weg um die Sonne benötigt sie dagegen ein ganzes Jahr.

**Zwei Erdhalbkugeln**

Unser Tageslicht, egal ob die Sonne scheint oder ob sie von Wolken verdeckt ist, kommt von der Sonne. Die Sonnenstrahlen können aber immer nur eine Hälfte der Erde treffen, ihre andere Seite liegt im Dunkel.

Auf der Seite der Erde, die von der Sonne beschienen wird, ist es Tag. Auf der anderen Seite ist es Nacht, dorthin gelangen keine Sonnenstrahlen.

Morgen- und Abenddämmerung entstehen genau an der Grenze zwischen Tag und Nacht. Dieser Bereich liegt zwischen dem Teil der Erde, der gerade von der Sonne beschienen wird, und dem Teil, der von der Sonne abgewandt ist.

## Wie genau entsteht der Treibhauseffekt?

Bestimmt hast auch du schon vom sogenannten Treibhauseffekt gehört. Das ist eigentlich eine ganz natürliche Erscheinung, ohne die das Leben auf der Erde nicht möglich wäre. Denn ohne den Treibhauseffekt wäre es hier etwa um 33 Grad Celsius kälter und die Durchschnittstemperatur läge dann bei minus 18 Grad Celsius!

Abgase aus Fabriken verstärken den Treibhauseffekt.

**Wie in einem Treibhaus**

Unsere Erde ist umgeben von einer Gasschicht, der Atmosphäre. Darin befinden sich verschiedene Gase, zum Beispiel Sauerstoff, Stickstoff, Kohlendioxid, Ozon und noch viele andere. Diese Gasschicht um die Erde kannst du dir so vorstellen wie die Glasscheiben eines Treibhauses: Sie halten die Wärme zurück und lassen sie nicht entweichen. Gefährlich wird der Treibhauseffekt jetzt deshalb, weil die Menschen durch Industrie- und Autoabgase immer mehr Kohlendioxid produzieren, das zusätzlich in die Atmosphäre gelangt. Dieses Kohlendioxid ist unter anderem schuld daran, dass die Wärme von der Erde nicht mehr richtig abstrahlt. So steigt die Temperatur auf unserem Planeten immer weiter an.

## Warum macht die Sonne warm?

Die Sonne strahlt vom Himmel.

Die Sonne funktioniert wie ein riesiges Kraftwerk, das mitten in unserer Galaxie die nötige Energie liefert. Im Inneren der Sonne herrscht ein so gewaltiger Druck, dass der Wasserstoff und das Helium, aus denen die Sonne besteht, schmelzen. Auf diese Weise bringen sie im Kern der Sonne eine unvorstellbare Hitze von 15 Millionen Grad Celsius hervor.

**Kettenreaktion**

Die Hitze löst dabei eine Kettenreaktion aus, das heißt, der Vorgang endet erst dann, wenn alles Gas der Sonne verglüht ist. Zum Glück reicht es aber noch für die nächsten fünf Milliarden Jahre! Die Oberfläche der Sonne ist etwa 5600 Grad Celsius heiß. Diese Wärme wird in den Weltraum abgestrahlt und gelangt auch zur Erde.

### Schon gewusst?

**Die Sonne macht nicht nur warm, sondern auch glücklich! Denn wenn die Sonnenstrahlen auf die Haut treffen, reagiert ein spezieller Teil unseres Nervensystems: der Sympathikus. Das Herz schlägt schneller und man hat viel mehr Lust, ins Freie zu gehen und sich zu bewegen.**

## Wie entsteht ein Stern?

Die Milchstraße ist ein riesiges Sternsystem.

Der Himmel ist voller Sterne und es sind unvorstellbar viele. Allein in der Milchstraße, der Galaxie, zu der auch die Erde gehört, gibt es 100 bis 300 Milliarden Sterne. Dabei ist die Milchstraße nur eine von vielen Galaxien.

Bei dieser großen Zahl wundert es nicht, dass ständig Sterne verlöschen und neue entstehen, ohne dass man am Sternenhimmel irgendeinen Unterschied bemerkt.

**Klumpen in Gaswolken**
Sterne entstehen aus riesigen Gaswolken, in denen sich irgendwann kleine Klumpen aus Atomen bilden.

Diese Klumpen unterliegen einer relativ hohen Schwerkraft, sodass immer mehr einzelne Atome aus der Gaswolke von diesen Klumpen angezogen werden. Gleichzeitig nimmt das Gewicht zu, der Kern verdichtet sich und ein immer größeres Gebilde, der neue Stern, entsteht.

## Warum funkeln die Sterne?

Das Funkeln der Sterne wird von vielen Menschen als besonders schön und romantisch empfunden. Dabei leuchten die Sterne im Weltraum nur und funkeln oder glitzern eigentlich gar nicht. Es gibt zwar Zeiten, in denen sie stärker oder schwächer strahlen. Aber diese Veränderungen erstrecken sich über viele Tausende oder Millionen von Jahren.

**Ein langer Weg bis zur Erde**
Das Licht der Sterne ist sehr lange unterwegs, bevor es zu uns gelangt. Dabei durchquert es das Vakuum des interstellaren Raumes, also den Raum zwischen den Sternen. Sobald der Lichtstrahl jedoch in die Erdatmosphäre eintritt, trifft er auf die Luft. Diese hat in verschiedenen Höhen und bei unterschiedlichen Windgeschwindigkeiten eine unterschiedliche Dichte. Dadurch wird das Licht abgelenkt und erscheint uns als Glitzern und Flimmern.

Sterne leuchten am Nachthimmel.

**Schon gewusst?**
**Die Astronauten sehen die Sterne während ihres Aufenthalts im Weltall niemals funkeln, denn sie betrachten sie stets durch den luftleeren Raum.**

# Wie funktionieren Solarzellen?

Sonnenenergie gehört zu den wichtigsten Energiequellen, die wir haben. Weil sie aber relativ stark schwankt, wird sie bisher nicht genug verwertet. Um die Sonnenenergie nutzen zu können, benötigt man Solarzellen. Diese bestehen aus sogenannten Halbleitern, die durch Licht oder Wärme zu elektrischen Leitern werden. Bei niedrigen Temperaturen wirken sie isolierend, das heißt, sie leiten keinen Strom.

Dort, wo die beiden Ladungen aufeinanderstoßen, baut sich ein elektrisches Feld auf. Es fließt Strom. Er kann über Metallkontakte abgeleitet und ins öffentliche Stromnetz eingespeist werden.

Solarzellen auf einem Dach

### Ein elektrisches Feld

Die meisten Solarzellen werden aus Silizium hergestellt, das überall auf der Erde vorkommt. Um Strom gewinnen zu können, wird das Halbleitermaterial dotiert, das heißt es werden ihm chemische Elemente beigemischt. Dadurch kann man einen Überschuss an positiver oder negativer Ladung erzielen.

**Schon gewusst?**
**Innerhalb von drei Stunden strahlt die Sonne so viel Energie auf die Erde, dass sie theoretisch für den Jahresverbrauch der gesamten Weltbevölkerung ausreichen würde.**

# Wie funktioniert eine Sonnenuhr?

Eine Sonnenuhr an einer Hauswand

Sonnenuhren gibt es schon sehr lange. Sie funktionieren natürlich nur dann, wenn die Sonne scheint. Seit Einführung der Sommerzeit gehen sie das halbe Jahr über um eine Stunde nach, da sie nicht umgestellt werden können.

### Schatten statt Uhrzeiger

Die Zeit auf einer Sonnenuhr wird nicht mit Uhrzeigern, sondern durch den Schatten angezeigt, den eine Stange in ihrer Mitte auf das Zifferblatt wirft. Dieser Schatten wandert im Laufe des Tages und zeigt so die Stunden an. Der Zeiger „dreht" sich dabei im Uhrzeigersinn.

**Bastel-Tipp**
**Eine Sonnenuhr kann man leicht selbst herstellen. Man braucht dafür allerdings eine Stelle, die den ganzen Tag in der Sonne liegt. Zunächst sucht man sich einen Zeiger und bringt ihn an einer Wand oder auf dem Boden an. Dann markiert man die Stellen, auf die sein Schatten immer zur vollen Stunde fällt, und beschriftet sie. Fertig!**

## Wieso ist Feuer heiß?

Wärme ist eine Form von Energie. Sie wird freigesetzt, wenn etwas verbrennt. Energie ist nämlich in jedem Brennstoff gespeichert, sei es in Papier, Holz oder Kohle. Beim Verbrennen wird diese Energie dann umgewandelt, zum Beispiel in Licht und Wärme.

Feuer ist heiß.

**Überschüssige Energie**

Viele Stoffe haben in sich Energie gespeichert, die gewissermaßen zufällig in sie hineingeraten ist. Holz beispielsweise hat eine ganze Menge Sonnenenergie in sich. Wenn es verbrennt, reagiert der Sauerstoff der Luft mit dem Kohlenstoff im Holz. Dabei wird Energie freigesetzt. Diese überschüssige Energie wird dann als Wärmeenergie an die Umgebung abgegeben.

**Schon gewusst?**

**Die Temperatur des Feuers hängt von dem Material ab, das verbrennt. Bei Papier liegt sie bei 800 Grad Celsius, bei Holz oder Kohle bei 1100 bis 1300 Grad Celsius und bei Metallstaub (Eisen, Magnesium, Aluminium) bei 3100 Grad Celsius. Denn in jedem Stoff ist unterschiedlich viel Energie gespeichert.**

## Warum ist Wasser nass?

Um diese Frage beantworten zu können, müssen zuerst die Eigenschaften von Nässe geklärt werden. Nässe ist in erster Linie eine Empfindung, die wir mit einer bestimmten Art von Flüssigkeit und ihrer Wirkung auf andere Stoffe verbinden.

Wasser macht nass.

Wenn man Wasser auf seine Eigenschaften hin untersucht, wird man unter anderem Folgendes feststellen: Es ist beweglich und haftet an anderen Oberflächen. Außerdem sorgt es dort für eine kühlende Wirkung, weil es verdunstet.

**Drei Eigenschaften gleichzeitig**

Die Verbindung dieser drei Eigenschaften macht Nässe aus. Für sich allein genommen sind sie jedoch kein Hinweis auf Nässe: Flüssiges Metall oder Mehl in einer Schüssel bewegen sich, wenn man sie in ein anderes Gefäß umfüllt. Klebstoff oder Honig haften und Eis oder ein Luftzug kühlen.

Keiner dieser Stoffe ist jedoch nass. Eigentlich ist aber auch das Wasser nicht nass, sondern die Dinge, die mit dem Wasser in Berührung kommen: die Haut, das Handtuch oder die Straße nach einem Regen.

Ein Segelboot bei Ebbe

## Warum gibt es im Meer Ebbe und Flut?

Wer schon einmal am Meer war, hat sicher auch beobachtet, dass der Wasserstand zu verschiedenen Zeiten unterschiedlich hoch ist. Bei diesem Vorgang handelt es sich um den Wechsel der Gezeiten, um Ebbe und Flut.

**Gegenseitige Anziehungskraft**

Ebbe und Flut entstehen durch die Anziehungskräfte von Erde und Mond. Denn nicht nur die Erde zieht den Mond an. Auch der Mond übt eine gewisse Anziehungskraft auf die Erde aus.

Die Anziehungskraft des Mondes hebt das Meerwasser an und bildet einen Flutberg. Auf der gegenüberliegenden Seite der Erde entsteht ebenfalls ein Flutberg. Er kommt durch die Fliehkraft bei der Erddrehung zustande. Zwischen den beiden Flutbergen fließt das Wasser weg, es gibt Ebbe. So kommt es zum Gezeitenwechsel.

### Schon gewusst?

**Ebbe und Flut treten an verschiedenen Orten unterschiedlich stark in Erscheinung. Besonders stark wirken sie sich an extrem flachen Meeresufern aus, die zu einem großen Meer dazugehören, wie zum Beispiel im Wattenmeer der Nordsee.**

## Wie kommt das Salz ins Meerwasser?

Jeder, der schon einmal im Meer gebadet hat, weiß, dass das Meerwasser salzig ist. Das ist sehr erstaunlich, wenn man bedenkt, dass alle Flüsse, die ins Meer fließen, Süßwasser haben. Man könnte also annehmen, dass vielleicht der Meeresboden salzhaltig ist und dieses Salz sich im Wasser auflöst. So ist es aber nicht!

**Salz im Flusswasser**

Vielmehr ist es tatsächlich das süße Flusswasser, das das Salz mit sich bringt. Im Wasser sind nämlich alle möglichen Mineralstoffe (Salz, Natrium und so weiter) enthalten. Allerdings in so kleinen Mengen, dass man das überhaupt nicht wahrnehmen kann.

Das Wasser bleibt aber nicht im Meer. Ein Teil von ihm verdampft durch die Sonnenwärme, denn sonst würden die Meere ja immer voller werden. Die Mineralstoffe können jedoch nicht verdampfen. Sie bleiben im Meer. Auf diese Weise wurde ihr Anteil im Meerwasser mit der Zeit so hoch, dass auch wir das Salz schmecken können.

Im Toten Meer gibt es besonders viel Salz.

## Kristalle selbst züchten

Nicht nur aus Wasser bilden sich bei entsprechenden Umweltbedingungen Kristalle, sondern auch aus zahlreichen anderen Stoffen. Bei jeder Kristallisation entwickeln sich aus den ungeordneten „Bausteinen" der Materie regelmäßige Strukturen. Man spricht hier vom sogenannten Kristallgitter.

Ein Versuch mit Salzkristallen lässt sich sehr leicht durchführen, weil man dazu nur wenige Dinge braucht, die in jeder Wohnung vorhanden sind.

**Dazu benötigst du:**
**Wasser**
**Salz**
**einen Löffel zum Umrühren**
**ein paar möglichst kleine Schüsselchen**

### Und so gehts:

Zunächst füllst du die Schüsselchen zu drei Vierteln mit Leitungswasser. Dann gibst du Salz hinzu, und zwar so lange, bis es sich selbst bei ständigem Umrühren nicht mehr auflöst. Das, was sich nun in den Schälchen befindet, nennt man eine gesättigte Lösung, da das Wasser „satt" ist und kein weiteres Salz aufnehmen kann. Die Vorbereitungen für den Versuch sind damit beendet.

Wenn du lange genug wartest, bilden sich in den Schüsselchen Salzkristalle.

Nun müssen nur noch die Schüsselchen an unterschiedlichen Plätzen in der Wohnung aufgestellt werden. Denn ganz entscheidend für das Wachstum von Kristallen ist die Temperatur.

Daher solltest du Standorte mit möglichst unterschiedlichen Temperaturen wählen: den Kühlschrank, die Heizung, ein sonniges Fensterbrett, eine Kommode oder das Schlafzimmer, wenn dies der kühlste Raum in der Wohnung ist.

Bei der Auswahl der Standorte ist es außerdem sehr wichtig, dass die Schüsselchen dort über längere Zeit stehen bleiben können, ohne bewegt zu werden.

Nun heißt es abwarten, bis das Wasser vollständig verdampft ist. Das kann je nach Standort und Wassermenge ein paar Tage, aber auch (bei dem Schüsselchen im Kühlschrank) bis zu zwei Wochen dauern.

Wenn du nun die Ergebnisse miteinander vergleichst, siehst du, dass die Salzkristalle, bei denen das Wasser am langsamsten verdampft ist, die größten und schönsten sind.

## Wie kommt der Sand an den Strand?

Ob feiner weißer Sandstrand auf den Malediven oder grobkörniger brauner Sand an der Adria: An vielen Stränden gibt es Sand. Er kommt aus dem Meer und besteht aus unzähligen kleinen Steinchen, die am Meeresgrund über viele Tausend Jahre hinweg vom Wasser hin- und herbewegt und immer feiner geschliffen wurden.

Ein schöner Sandstrand

**Vom Meer ans Land**

Von den Wellen wird der Sand allmählich ans Land getragen. Je flacher der Meeresboden vor einem Strand ist, desto feiner ist der Sand, der angespült wird.

Das Meer aber bekommt die kleinen Steinchen von den Flüssen. Sie befördern über Hunderte oder Tausende von Kilometern Kies und Geröll von den Bergen ins Meer. Und je nachdem, welche Farbe das Gestein und die Mineralien an der jeweiligen Stelle haben, ist auch der Sand weiß, bräunlich oder sogar schwarz.

## Wie gewinnt man Energie aus Wasserkraft?

Um Energie aus Wasserkraft zu gewinnen, stehen mehrere Methoden zur Verfügung. Bei allen aber wird die Bewegungsenergie des Wassers in Strom umgewandelt. Am häufigsten finden sich Wasserkraftwerke an Flüssen, die sich die Fließkraft der Flüsse zunutze machen und als Speicherkraftwerk (mit Stausee) oder als Fließkraftwerk arbeiten.

Ein Stausee mit angeschlossenem Wasserkraftwerk

Immer häufiger wird aber auch in sogenannten Gezeiten- oder Meeresströmungskraftwerken die Strömungsenergie des Meeres genutzt.

Das Wasser strömt durch riesige Turbinen, deren Drehbewegung einen Generator antreibt. Diese Maschine wandelt die Energie in elektrischen Strom um, der dann genutzt werden kann (siehe Seite 65 unten).

**Schon gewusst?**

**Energie aus Wasserkraft ist ein wichtiger Beitrag zur umweltfreundlichen Energiegewinnung. Der Bau riesiger Stauseen kann aber auch ganze Landschaften zerstören. Beim Bau des Drei-Schluchten-Staudamms in China wurden sogar ganze Täler überflutet.**

## Warum dampft heißes Wasser?

Dampfend heißes Wasser in einem Kochtopf

Egal welche Temperatur Wasser hat: Sobald es sich in flüssigem Zustand befindet, beginnt es mehr oder weniger schnell zu verdampfen.

Wird das Wasser nun künstlich erhitzt, sei es in der Badewanne, im Wasserkessel oder beim Kochen, dann ist die Luft, die mit dem verdampften Wasser aufsteigt, wesentlich wärmer als die normale Lufttemperatur, die in der Umgebung herrscht.

**Winzige Tröpfchen**

Deshalb beginnt das Wasser, bereits während es in höchstem Tempo verdampft, gleichzeitig zu kondensieren. Die Wasserteilchen, die gerade dabei waren, sich in einen gasförmigen Zustand zu versetzen, werden also wieder abgekühlt. Sie sammeln sich zu winzigen Tröpfchen, die man als Dampf oder Nebel sehen kann.

Dasselbe passiert, wenn man im Winter ausatmet und die Feuchtigkeit der Atemluft in der kalten Umgebung kondensiert. Oder auch, wenn ein von den Sonnenstrahlen aufgewärmter See mit der kalten Nachtluft in Berührung kommt.

## Wie entstehen im Meer die Wellen?

Wellen gibt es in allen Gewässern. Die Wellen im Meer können sogar so groß werden, dass sie ganze Schiffe unter sich begraben. Auch wenn es so aussieht, entstehen Wellen keineswegs durch eine Strömung. Ihre Ursache ist vielmehr der Wind. Man kann dies selbst ausprobieren, indem man in der Badewanne schräg auf die Wasseroberfläche bläst.

**In Bewegung**

Dort, wo der Wind auftrifft, entsteht eine Welle. Die Wasserteilchen, die durch den Wind in Bewegung gesetzt wurden, stoßen die benachbarten Wasserteilchen an und geben die Wellenbewegung an sie weiter. Die Wasserteilchen bleiben also letztendlich an Ort und Stelle.

Wellen im Meer können sehr groß werden.

**Schon gewusst?**

**Die riesigen Wellen, die ganze Inseln und Küstenregionen verwüsten können und mehrere Hundert Meter hoch werden, heißen Tsunami. Sie entstehen durch Seebeben oder Vulkanausbrüche unter Wasser.**

## Wie entsteht ein Wirbelsturm?

Die großen Wirbelstürme, die Hurrikans, Taifune oder Zyklone, gibt es vorwiegend in tropischen Gebieten. Ihre gewaltige zerstörerische Kraft gewinnen sie aus dem Wasserdampf, der von der Wasseroberfläche der Ozeane aufsteigt. Aus den feuchtwarmen Luftmassen bilden sich dann allmählich turmhohe Quellwolken.

**Die Corioliskraft**

Ihre Drehbewegung erhalten die Wirbelstürme durch die sogenannte Corioliskraft. Das ist eine Trägheitskraft, die dadurch entsteht, dass sich die Erde dreht. Sie ist dafür verantwortlich, dass sich die Luftmassen um Hochdruckgebiete auf der Nordhalbkugel im Uhrzeigersinn, um Tiefdruckgebiete gegen den Uhrzeigersinn bewegen.

Ein Tornado auf dem Wasser

**Achtung!**

**Oft wird behauptet, die Corioliskraft sei auch für die Abflussrichtung des Wassers zu Hause verantwortlich. Wenn wir in der Badewanne den Stöpsel ziehen, fließe es auf der Nordhalbkugel linksherum, im Süden rechtsherum ab. Tatsächlich aber ist sie in diesem Fall viel zu schwach, um sich durchzusetzen. Das Ganze ist also ein Gerücht.**

## Wie entsteht Wind?

Ein starker Wind bläst.

Jeder Wind, vom leisesten Windhauch bis zum stärksten Sturm, ist nichts anderes als eine Bewegung der Luft. Diese wird dadurch ausgelöst, dass sich Temperatur und Luftdruck verändern. Durch die Sonneneinstrahlung erwärmen sich Wasser, Luft und Erde unterschiedlich stark und unterschiedlich schnell.

**Ein starker Wind**

Wenn sich Luft ausdehnt, benötigt sie mehr Platz. Deshalb verdrängt sie die benachbarte Luft. Auch der Luftdruck verändert sich und die Luftteilchen beginnen, aus dem Gebiet mit dem höheren Luftdruck in das mit dem niedrigeren Luftdruck zu strömen. So soll ein Druckausgleich hergestellt werden.

Je größer die Druckunterschiede sind, desto heftiger ist die Ausgleichsströmung und desto stärker bläst der Wind. Die stärksten Stürme gibt es in den tropischen Gebieten, aber auch bei uns erreichen manche Orkane Geschwindigkeiten von mehr als 120 Kilometer je Stunde.

## Wie misst man die Windstärke?

Absolute Windstille gibt es relativ selten. Denn meistens ist die Luft in Bewegung, um einen Ausgleich zwischen Hochdruck- und Tiefdruckgebieten zu schaffen (siehe Seite 64 rechts).

Wind kann aber in ganz unterschiedlicher Geschwindigkeit wehen. Um diese Geschwindigkeit einordnen zu können, gibt es schon lange eine Einteilung der Windstärke von null bis zwölf.

**Einst und jetzt**
Früher unterschied man die Windstärke anhand der Wirkung des Windes an Land und auf dem Wasser (Windstärke null: Windstille/Rauch steigt gerade nach oben/völlig ruhige, glatte See – Windstärke zwölf: Orkan/schwerste Sturmschäden/außergewöhnlich schwere See, Luft mit Schaum und Gischt gefüllt).

Heute misst man den Wind mit einem Anemometer. Das ist ein drehbares Kreuz, an dessen Enden kleine Halbkugeln in Bewegung gesetzt und elektronisch vermessen werden. Die Windstärke wird in Kilometer je Stunde angegeben. Die Windrichtung bezeichnet die Richtung, aus der der Wind weht.

Mit einem Anemometer kann man die Windstärke messen.

## Wie funktioniert ein Windrad?

Windräder sind sehr hoch.

Die Windkraft ist ein wichtiger Beitrag zur umweltfreundlichen Energiegewinnung. Deutschland ist übrigens eines der Länder mit den meisten Windrädern. Wie aber läuft nun die Stromerzeugung mithilfe eines solchen Windrads ab?

**Die Windenergie**
Ein Windrad besteht aus einem hohen Turm, an dem sich eine Art Flugzeugpropeller befindet. Wenn der Wind ordentlich bläst, werden die Flügel des Windrades in Bewegung versetzt. Diese Drehbewegung wird dann mithilfe eines Generators in Strom umgewandelt. Der so erzeugte Strom kann anschließend in das öffentliche Stromnetz eingespeist werden.

### Schon gewusst?
**Wenn viele Windräder nebeneinander zur Stromerzeugung aufgestellt werden, nennt man das einen Windpark. Vielleicht hast du ja schon einmal einen solchen Windpark gesehen, wenn ihr an die Ost- oder Nordsee gefahren seid.**

## Wie funktioniert ein Kompass?

Will man sich in der Natur orientieren, kann man mithilfe einer Uhr und dem Stand der Sonne ungefähr die Himmelsrichtung ablesen. Will man aber etwas genauer wissen, wo Norden, Osten, Süden und Westen sind, nimmt man besser einen Kompass mit.

Ein Kompass

Denn die Kompassnadel zeigt immer die Nord-Süd-Richtung an und nach ihr kann man den Kompass anhand der aufgedruckten Einteilung ausrichten. Natürlich sollte man die Landkarte, wenn man eine dabeihat, dann auch entsprechend drehen. Norden ist immer oben.

**Das Magnetfeld der Erde**

Die Kompassnadel zeigt immer in Nord-Süd-Richtung, weil sie magnetisch ist und vom Magnetfeld der Erde angezogen wird. Die Entstehung des Magnetfelds ist wissenschaftlich immer noch nicht ganz geklärt. Es wird vermutet, dass es von den Umwälzungen im Inneren der Erde erzeugt wird. Ist nun ein Metall magnetisch aufgeladen, dreht es sich wie die Kompassnadel in Nord-Süd-Richtung.

## Wie entsteht ein Echo?

Wer bereits einmal in den Bergen war, hat vielleicht auch schon ein Echo gehört. Immer wenn der Schall von einem festen Hindernis zurückgeworfen wird, entsteht ein Echo. Also auch, wenn man im Hinterhof Fußball spielt und es dabei nicht gerade leise zugeht.

Allerdings kann man dieses Echo nicht immer hören. Das hängt mit der Schallgeschwindigkeit zusammen.

**Senkrechte Felswände**

Da die Schallwellen mit etwa 330 Metern pro Sekunde unterwegs sind, erreichen sie die Hofwand bereits nach einer Hundertstelsekunde und werden ebenso schnell zurückgeworfen. Das aber kann das menschliche Ohr nicht wahrnehmen.

Wenn das Hindernis aber weit genug entfernt ist wie bei den Felswänden in den Bergen, dann dauert es einige Zeit, bis die Schallwelle zurückgeworfen wird. Wir hören sie schließlich als Echo wieder. Vorausgesetzt, die Felswand steht ziemlich senkrecht zum Rufenden, sodass der Schall nicht in eine andere Richtung, sondern zu ihm zurückgeworfen wird.

Wie heißt der Bürgermeister von Wesel? Esel, Esel ...

# Tiere & Pflanzen

## Warum können Vögel fliegen?

Nicht nur die meisten Vögel können fliegen, sondern auch Fledermäuse, obwohl sie zu den Säugetieren gehören. Wenn es also nicht an den Federn liegt, wie funktioniert es dann?

Die meisten Vögel können fliegen.

Um fliegen zu können, muss die Schwerkraft, die alles auf der Erde festhält, überwunden werden. Wichtig ist dabei das Gewicht. Darum haben flugfähige Vögel besonders leichte Knochen. Einige davon sind sogar mit Luft gefüllt. Außerdem besitzen die Tiere besonders starke Flugmuskeln.

**Gewölbte Tragflächen**

Das Wichtigste aber ist die Form der Flügel. Die Flügel der Vögel (und der Fledermäuse) sind nicht flach, sondern gewölbt. Während sich der Vogel vorwärtsbewegt, legen die Luftteilchen an der Ober- und Unterseite der Flügel eine unterschiedlich lange Strecke zurück. Dennoch brauchen sie aber die gleiche Zeit dafür.

Dadurch entsteht oben ein Sog und an der Unterseite gleichzeitig ein Druck. Beide wirken nach oben und ermöglichen so das Fliegen. Die Stärke dieser Kräfte hängt von der jeweiligen Flügelform ab, deren Tragflächen bei den Vögeln aus Federn bestehen.

## Wie kann ein Papagei sprechen?

Papageien gehören zusammen mit einigen Staren und Rabenvögeln zu den wenigen Lebewesen, die die menschliche Sprache nachahmen können. Schimpansen dagegen können es nicht, obwohl sie den Menschen von allen Tieren am ähnlichsten sind.

Nicht alle Papageien können sprechen.

**Langeweile**

Die Nachahmung der Sprache wird bei Papageien nämlich nicht, wie man etwa vermuten könnte, mit den Stimmbändern erzeugt, sondern mit der Zunge. Allerdings sind nicht alle Papageienarten gleichermaßen zum Sprechen geeignet. Am besten können es Aras, Kakadus und Graupapageien. Ausgelöst wird das Sprechenlernen meistens durch Langeweile.

### Schon gewusst?

**Papageien plappern nicht nur beliebige Wörter nach, sie können auch den Zusammenhang zwischen den Wörtern und ihrer Bedeutung verstehen lernen. Das hat die Wissenschaftlerin Irene Pepperberg mit ihrem Graupapagei Alex bewiesen. In 30 Jahren konnte er rund 200 Wörter richtig einsetzen, 500 Begriffe verstehen und sogar Fragen richtig beantworten.**

# Wie kommt das Küken aus dem Ei?

Eier gehören zu den bemerkenswertesten Gebilden der Natur. Obwohl die Schale verhältnismäßig dünn ist, kann sie durch ihre gewölbte Form ziemlich viel Druck aushalten. Immerhin müssen ja die Vogeleltern auf den Eiern sitzen. Tatsächlich sind sie sogar so stabil, dass manche Nesträuber sie erst auf Steine fallen lassen müssen, um sie öffnen zu können.

Vom Ei zum Küken

### Ein Höcker auf dem Schnabel

Wie aber kann ein winziges Küken diese Schutzvorrichtung knacken? Zwei Dinge helfen ihm dabei: Von innen ist es viel leichter, ein Loch in die Schale zu drücken. Doch selbst dafür würde die Kraft der Küken nicht ausreichen.

Deshalb haben Vogelbabys auf ihrem Schnabel einen spitzen Höcker, den sogenannten Eizahn. Mit ihm klopfen sie über hundert Mal gegen die Schale, bis ein kleines Loch entsteht. Nun genügt es, die Schale ringsum etwas anzuritzen und sich dann mit aller Kraft gegen sie zu stemmen. Da der Eizahn später nicht mehr gebraucht wird, fällt er nach einigen Tagen ab.

# Warum gibt es weiße und braune Hühnereier?

Es gibt braune und weiße Hühnereier.

Eigentlich ist es ganz egal, welche Farbe die Schale der Eier hat, die wir essen. Nur an Ostern, wenn man die Eier bemalen will, merkt man, dass die meisten Eier im Supermarkt braun sind. Und wieso – eure Großeltern können das sicher bestätigen – waren früher die Eier meistens weiß?

### Weiße und rote Ohrlappen

Die Farbe der Eierschalen ist erblich bedingt. Das heißt, jede Hühnerrasse legt Eier mit einer bestimmten Schalenfarbe. Wenn man wissen will, welche Farbe die Eier eines bestimmten Huhns haben, muss man auf die Farbe seiner Ohrlappen achten. Hühner mit weißen Ohrlappen legen normalerweise weiße Eier, Hühner mit roten Ohrlappen legen braune Eier.

### Schon gewusst?

**Da mittlerweile viele Menschen darauf achten, Eier von frei laufenden Hühnern zu kaufen, sind die Eier meist braun. Denn weiße Hühner sind bei Züchtern und Landwirten nicht so beliebt. Außerdem sind sie anfälliger für Krankheiten.**

## Woher wissen Zugvögel, wann der Abflugtermin ist?

Auf nach Süden!

Nicht nur Vögel machen sich regelmäßig auf die Reise. Insgesamt sind es 5000 bis 6000 Tierarten, die jedes Jahr lange Wanderungen unternehmen, darunter auch Fische, Insekten, Reptilien und Säugetiere.

Manche Tierarten ziehen einfach dann weiter, wenn sie kein Futter mehr finden. Andere dagegen kehren an ihren Geburtsort zurück, weil sie dort auch ihre eigenen Eier ablegen wollen. Das machen zum Beispiel Meeresschildkröten, Lachse, aber auch Erdkröten. Dagegen ist bei den Vögeln der Wechsel der Jahreszeiten der Grund für ihre Wanderungen.

**Wenn die Tage kürzer werden**

Den richtigen Zeitpunkt für ihren Aufbruch in den Süden erkennen Vögel nicht an den sinkenden Temperaturen, sondern an den kürzer werdenden Tagen. Für die rechtzeitige Rückkehr ist dagegen so etwas wie eine innere Uhr zuständig. Am weitesten fliegen übrigens die Küstenseeschwalben. Sie legen bis zu 40.000 Kilometer im Jahr zurück!

## Wie können Vögel auf einem Ast schlafen, ohne herunterzufallen?

Vögel sitzen beim Schlafen nur selten in einem Nest oder in einer Nisthöhle. Die meisten schlafen, während sie einfach nur auf einem Ast oder – wie die Hühner – auf einer Stange sitzen. Damit sie aber beim Schlafen nicht herunterfallen, haben Vögel gewissermaßen eine Sicherung eingebaut: den Greifreflex.

Ein Tukan umklammert einen Ast.

**Bitte gut festhalten!**

Sobald Vögel auf einem Ast oder etwas Ähnlichem sitzen, spreizt sich eine ihrer Krallen nach hinten ab und umklammert ihn zusammen mit den anderen drei Krallen. Das geschieht ganz automatisch und die Vögel benötigen dazu keinerlei Muskelkraft.

Verstärkt wird die Umklammerung zusätzlich noch durch ihr Körpergewicht. Erst, wenn sie ihren Griff wieder lösen wollen, müssen die Vögel dafür ihre Muskeln bewegen. Es ist also genau umgekehrt wie bei uns Menschen: Denn wir können nur bewusst zugreifen, los lassen wir dagegen ganz von selbst.

## Wie speichern Kamele Wasser?

Das größte Problem in der Wüste ist neben der Hitze der Mangel an Wasser. Manche Tiere können mehrere Tage ohne Wasser auskommen. Einige schaffen das sogar mehrere Monate. Überhaupt sind Tiere viel weniger auf Wasser angewiesen als Menschen und können bei saftigem Futter sogar ganz darauf verzichten. Doch um in der Wüste zu überleben, reicht das längst nicht aus.

**Die roten Blutkörperchen**

Deshalb sind Kamele fähig, große Mengen Wasser zu speichern. Sie tun dies aber nicht in ihren Höckern. In diesen befinden sich die Fettreserven. Stattdessen bewahren sie ihren Wasservorrat in den roten Blutkörperchen auf, die sich auf das 200-Fache ausdehnen können.

Kommt ein Kamel nach so einer langen Durststrecke an ein Wasserloch, kann es in wenigen Minuten bis zu 200 Liter Wasser trinken! Damit die kleinen Blutzellen durch die plötzliche Vergrößerung nicht platzen, haben Kamele als einzige Säugetiere besonders dehnbare, ovale rote Blutkörperchen.

Kamele müssen oft mehrere Tage ohne Wasser auskommen.

## Warum frieren Eisbären nicht?

Eisbären leben in der Arktis oder in anderen Gegenden weit im Norden, wo die Temperaturen teilweise unter minus 50 Grad Celsius liegen.

Eisbären haben ein dickes Fell.

Trotzdem ist ihnen niemals kalt. Auch wenn man sich das kaum vorstellen kann, ist das natürlich überlebenswichtig für diese Tiere.

**Eine dicke Fettschicht**

Das Fell der Eisbären ist so dicht, dass es nicht einmal Wasser hindurchlässt. Außerdem sind die Haare mit einer ölhaltigen Schicht überzogen, sodass sie sogar im Wasser nicht nass werden. Zusammen mit der fünf bis zehn Zentimeter dicken Fettschicht direkt unter der Haut hält das Fell die enorme Kälte so gut ab, dass Eisbären kaum Wärme verlieren.

Deshalb sind sie nicht einmal mit einer Wärmekamera erkennbar. Sogar die Fußsohlen der Eisbären sind behaart, sodass sie einerseits nicht auf dem Eis ausrutschen und andererseits auch nicht auf ihm festfrieren können.

## Wie kommt das Kängurubaby in den Beutel?

Kängurus tragen ihre Babys in einem Beutel an ihrem Bauch herum. Wie aber kommen sie dort hinein? Schließlich gibt es keine Verbindung zwischen dem Kängurubeutel und der Gebärmutter, in der sich der Embryo in den ersten Wochen seines Lebens entwickelt. Die Antwort ist: Kängurus bringen ihre Jungen nicht erst dann auf die Welt, wenn sie allein lebensfähig sind.

**Ab in den Beutel**

Kängurubabys kommen bereits nach 20 bis 40 Tagen auf die Welt. Zu diesem Zeitpunkt sind sie noch vollkommen unterentwickelt. Selbst die Jungen des Roten Riesenkängurus, das später eine Größe von 1,80 Metern erreichen kann, sind bei ihrer Geburt nur 2,5 Zentimeter groß und wiegen weniger als ein Gramm.

Ein Känguru sitzt im Beutel seiner Mutter.

Trotzdem findet das Junge selbstständig den Weg vom Geburtskanal bis in den Beutel der Mutter. Dort saugt es sich sofort an einer Zitze fest. Zwei bis drei Monate lässt das Junge die Zitze nicht los, bevor es mit einem halben Jahr den Beutel verlässt.

## Wie finden Eichhörnchen ihren Wintervorrat wieder?

Eichhörnchen kann man neben Vögeln sehr leicht beobachten, da sie häufig in unseren Gärten und Parks vorkommen. Vielleicht hast du schon einmal bemerkt, dass die Tiere die Nüsse oder Tannenzapfen, die sie gefunden haben, nicht sofort fressen. Zunächst vergraben sie einen Teil ihres Futters in der Erde.

Auf Vorratssuche

**Ein schlechtes Gedächtnis**

Die Eichhörnchen tun das, um für den Winter Vorräte anzulegen. Denn sie halten keinen Winterschlaf, sondern nur eine Winterruhe. Während dieser Zeit kommen sie immer wieder aus ihrem Nest, um etwas zu fressen.

Allerdings haben sie kein besonders gutes Gedächtnis. Daher bleibt es dem Zufall überlassen, ob sie ihre Vorräte wiederfinden. Immerhin vergraben sie ihr Futter nicht irgendwo, sondern in der Nähe von Bäumen oder größeren Steinen.

**Schon gewusst?**

**Eichhörnchen vergraben etwa acht Kilogramm Nüsse im Jahr. Auf diese Weise tragen sie zur Vermehrung vieler Bäume bei, da die Samen der vergessenen Nüsse im Frühjahr zu keimen beginnen.**

## Warum schnurren Katzen?

Katzen können nicht nur miauen oder fauchen. Besonders wenn sie sich sehr wohlfühlen, fangen sie an zu schnurren. Bis heute ist nicht geklärt, ob dieses Geräusch durch schnelles Zucken im Kehlkopf entsteht oder durch die Reibung der Atemluft an der Zunge.

Letzteres könnte eine Erklärung dafür sein, warum die großen Raubkatzen nur beim Ausatmen schnurren können. Denn bei ihnen ist das Zungenbein, das die Zunge mit dem Schädel verbindet, biegsam, während es bei unseren Hauskatzen ganz verknöchert ist.

**Zeichensprache**

Katzen können schon direkt nach ihrer Geburt schnurren. Das Schnurren ist meist ein Zeichen dafür, dass es ihnen gut geht. Manchmal tritt es aber auch in Stresssituationen auf oder wenn sie Schmerzen haben. Dann dient es dazu, sich selbst zu beruhigen.

Katzen schnurren, wenn es ihnen gut geht.

## Warum leuchten Katzenaugen im Dunkeln?

Katzenaugen leuchten im Dunkeln.

Wer eine Katze zu Hause hat, hat sicher schon bemerkt, dass deren Augen im Dunkeln leuchten. Das kommt daher, dass die Augen das Licht wie ein Reflektor zurückwerfen. Jetzt weißt du auch, warum die Reflektoren an deinem Fahrrad „Katzenaugen" heißen!

An der Rückwand ihrer Augen haben Katzen eine Hautschicht, die das einfallende Licht bündelt und wieder zurückwirft. Ihr Fachbegriff lautet Tapetum lucidum, was so viel bedeutet wie „leuchtender Teppich". Durch diese Hautschicht wird das wenige Licht, das nachts vorhanden ist, doppelt genutzt. So kann die Katze auch in der Nacht jagen.

**Absolute Dunkelheit**

Aber nicht nur Katzen, auch viele andere Tiere wie Igel, Krokodile oder Hunde haben so eine Leuchtschicht im Auge, Menschen hingegen nicht. Deshalb brauchen wir auch ungefähr sechsmal so viel Licht, um etwas erkennen zu können. Bei absoluter Dunkelheit können aber auch Katzen nichts sehen und müssen sich mithilfe ihrer Ohren, ihres Geruchs- und ihres Tastsinns orientieren.

## Warum macht die Kuh Milch?

Kühe gehören zu den Säugetieren. Deshalb ist es gar nichts Besonderes, dass sie Milch geben. Denn alle Säugetiere, sogar Wale und Fledermäuse und natürlich auch die Menschen, produzieren Milch, um damit ihre Jungen zu versorgen.

Die Milch wird durch die Milchbildungszellen in einem Hohlraum hinter den Milchdrüsen gebildet. Die Milchdrüsen sitzen bei den Kühen im Euter.

**Spezielle Züchtungen**

Normalerweise wird nur dann Milch produziert, wenn wirklich ein Jungtier vorhanden ist, das diese Milch dann trinkt. In ihr sind alle wichtigen Stoffe (Vitamine, Enzyme, Eiweiß und so weiter) enthalten, die das Jungtier zum Leben braucht. So reicht die Milch lange als einziges Nahrungsmittel aus. Kühe geben deshalb immer Milch, weil sie im Lauf der Jahrhunderte vom Menschen dazu herangezüchtet wurden.

Eine Milchkuh

## Warum haben Zebras Streifen?

Zebras haben ein schwarz-weiß gestreiftes Fell.

Eines der bekanntesten Wildtiere ist wegen seiner auffälligen Färbung das Zebra. Aber warum hat ein Zebra seine typischen schwarz-weißen Streifen?

Normalerweise haben Tiere ein unauffälliges Fell in einer Tarnfarbe. Das Zebrafell aber ist so auffällig, dass es sogar zur Vorlage für Fußgängerübergänge wurde.

**Flirrend heiße Luft**

Für die Streifen gibt es mehrere Gründe. So wirken sie in den heißen afrikanischen Steppengebieten, in denen es nur wenige Bäume gibt, tatsächlich als Tarnung. Denn in der flirrenden Luft lösen sich die Umrisse des Zebras auf und es ist von Weitem nicht mehr zu erkennen.

Außerdem schützen die Streifen vor einigen Insekten, unter anderem vor der Tsetsefliege, die die gefährliche Schlafkrankheit überträgt. Aufgrund der Streifen kann sie aber nicht erkennen, wo das Zebra anfängt und wo es aufhört. Mittlerweile weiß man auch, dass die Streifen die Körpertemperatur senken, da sie unterschiedlich warm werden.

## Wie findet sich ein Maulwurf unter der Erde zurecht?

Es gibt in Europa, Asien und Nordamerika etwa 35 verschiedene Maulwurfarten. Die meisten leben unter der Erde, wo sie ein großes System aus Gängen und Höhlen anlegen.

Maulwürfe sind Einzelgänger und haben ein Revier von etwa 2000 Quadratmetern, das sie während der Paarungszeit sogar noch erweitern. Die meisten Gänge verlaufen zehn bis 20 Zentimeter unter der Erde oder direkt unter dem Gras. Die Höhlen für die Nester liegen etwas tiefer.

**Fleißige Tunnelgräber**

Maulwürfe heben immer wieder neue Gänge aus und verlegen sie bei Trockenheit oder starkem Frost in größere Tiefen. Dabei graben sie mit einer Geschwindigkeit von bis zu sieben Metern pro Stunde.

Maulwürfe graben lange Gänge.

Die Gänge markieren Maulwürfe mit einem Duftstoff, um sie gegenüber Artgenossen zu kennzeichnen. Da sie unter der Erde in völliger Finsternis leben, orientieren sie sich nur mithilfe ihres Geruchs- und Tastsinns. Für die Orientierung nach hinten dient der kurze Schwanz, der mit einzelnen Tasthaaren bedeckt ist.

## Wie fangen Fledermäuse im Dunkeln ihre Beute?

Fledermäuse haben ein sehr gutes Gehör.

Meist ist es draußen schon recht dunkel, wenn Fledermäuse unterwegs sind. Dennoch können sie sogar im Flug sehr erfolgreich nach Insekten jagen.

Das kann nicht allein nur daran liegen, dass sie im Dunkeln besonders gut sehen. Sie müssen also noch irgendeinen anderen Trick auf Lager haben.

**Ein sehr gutes Gehör**

Natürlich genügt auch nicht wie beim Maulwurf ein guter Tast- und Geruchssinn allein. Denn sie fliegen ja und sind somit viel schneller unterwegs. Fledermäuse benutzen vor allem ihr Gehör. Sie stoßen etwa hundert Mal pro Sekunde Laute aus, die so hoch sind, dass wir Menschen sie gar nicht wahrnehmen.

Wenn die Schallwellen dieser „Ultraschallschreie" auf ein Hindernis treffen, kommen sie als Echo zurück. Die Fledermaus kann durch die unglaublich hohe Anzahl der Echos erkennen, ob es sich bei diesem Hindernis beispielsweise um ein Insekt, eine andere Fledermaus oder um einen Baum handelt.

## Wie wird aus einer Raupe ein Schmetterling?

Die Verwandlung von der Raupe zum Schmetterling gehört zu den erstaunlichsten Vorgängen im Tierreich. Wir finden eine solche Metamorphose, wie die Verwandlung wissenschaftlich genannt wird, aber nicht nur bei den Schmetterlingen, sondern bei vielen Insekten. Die Entwicklung läuft in mehreren Schritten ab, in denen die Tiere ein völlig unterschiedliches Aussehen haben.

**Schritt für Schritt**

Wie alle Insekten legen auch die Schmetterlinge Eier. Aus ihnen schlüpfen die Raupen, deren Körper in 14 Abschnitte unterteilt ist und die sich durch Farbe, Muster und Behaarung unterscheiden. Während des Raupenstadiums fressen die Tiere am allermeisten. Wegen des großen Wachstums häuten sie sich in dieser Zeit vier- bis fünfmal.

Am Ende ihres Raupenstadiums verpuppen sie sich. Dazu spinnen sie aus seidenartigen Fäden eine feste Hülle, den sogenannten Kokon. Dieser schützt sie während ihrer Umwandlung zum Schmetterling.

Ein bunter Schmetterling

## Warum glühen Glühwürmchen?

Manchmal kann man an warmen Sommerabenden beobachten, wie kleine grüne Lichtlein zwischen den Büschen und Bäumen herumfliegen. Sie stammen von den Glühwürmchen. Diese gehören zu einer Käferfamilie, die mit etwa 2000 Arten auf der ganzen Welt verbreitet ist.

Sowohl Männchen als auch Weibchen senden diese Leuchtsignale aus. Sie benutzen sie, um einen Partner anzulocken. Deutlich erkennbar ist das Leuchten aber nur nachts, denn bei Tag ist die Leuchtkraft zu gering.

Glühwürmchen sind kleine Käfer.

**Kaltes Licht**

Bei dem Licht der Glühwürmchen handelt es sich um sogenanntes kaltes Licht, bei dessen Herstellung fast keine Wärme erzeugt wird. Es entsteht durch die Verbindung des Stoffes Luciferin („Lichtbringer") mit Sauerstoff. Dieser Prozess wird durch das Enzym Luciferase ermöglicht. Bis heute ist diese Form, Licht künstlich herzustellen, leider noch nicht gelungen.

## Wie macht die Biene Honig?

Eine Honigbiene

Es gibt etwa 20.000 verschiedene Bienenarten auf der ganzen Welt. Wenn wir von Bienen sprechen, meinen wir meist die Westliche Honigbiene. Sie lebt in einem Bienenstaat, besitzt einen Stachel und produziert Honig. Alle Bienen ernähren sich vegetarisch, fressen also vor allem süßen Pflanzensaft und Blütennektar.

### Ein großes Vorratslager

Die Blütenpollen, mit denen die Jungtiere gefüttert werden, bringen die Bienen in den sogenannten Körbchen an den Hinterbeinen zum Nest. In ihrem Honigmagen transportieren die Sammlerinnen den Nektar. Er dient den übrigen Bienen im Stock als Nahrung.

Wenn die Bienen mehr in den Bienenstock bringen, als sofort gebraucht wird, lagern sie den Überschuss als Vorrat in den Bienenwaben ein. Dem Nektar wird dort Flüssigkeit entzogen, sodass er eindickt. Auf diese Weise entsteht eine sirupartige Zuckerlösung, die sehr haltbar ist: der Honig.

## Wie funktioniert die Bienensprache?

Wenn Bienen eine Stelle mit besonders vielen Blumen gefunden haben, fliegen sie mit dem gesammelten Blütennektar zurück zu ihrem Bienenstock. Dort informieren sie die anderen Bienen über ihren Fund. Allerdings haben Bienen keine Stimmen und können deshalb nicht miteinander sprechen so wie wir Menschen.

### Jetzt wird getanzt

Stattdessen führen sie einen Tanz vor, in dem alle wichtigen Informationen enthalten sind. Dabei können sie sowohl die Entfernung der Blüten vom Bienenstock beschreiben als auch die Richtung, in der sie zu finden sind. Man hat sogar nachgewiesen, dass der Tanz Hinweise auf die Menge des Nektars enthält.

Befindet sich die Stelle in der Nähe, führt die Biene nur einen einfachen Rundtanz auf. Ist der Fundort weiter weg, benutzt sie den komplizierteren Schwänzeltanz. In den Bewegungen ihres Hinterleibes, der Geschwindigkeit des Tanzes und seiner Richtung sind all diese Informationen enthalten.

Bienen können „tanzen".

## Wie können Fliegen an der Decke laufen?

Fliegen haben Haare an den Beinen.

Fliegen können überall entlanglaufen, an der Decke und an den Wänden ebenso gut wie auf einem Tisch. Nicht einmal Fensterscheiben sind für sie zu glatt. Ähnliches gilt für alle Insekten, für Spinnen und sogar für relativ große Tiere wie zum Beispiel Geckos.

**Haare an den Beinen**

An den Fliegenbeinen befinden sich Millionen von winzigen Härchen. Je größer das Gewicht des Tieres ist, desto kleiner werden die Härchen. Gleichzeitig steigt die Anzahl der Härchen extrem an. Diese Härchen verhaken sich in der glatten Oberfläche. So klebt die Fliege regelrecht fest. Würde also ein Mensch an der Decke laufen wollen, müssten seine Hände und Füße vollständig mit Härchen bedeckt sein, die kürzer als einen Millimeter sind.

**Probiers aus!**

**Welch feste Verbindung Wasser zwischen zwei Dingen herstellen kann, lässt sich leicht überprüfen. Feuchte den Rand eines Glases an, drücke eine Postkarte darauf und lege ein Geldstück auf ihren Rand. Du wirst schnell feststellen, dass die Postkarte nicht kippt, sondern auf dem Glas kleben bleibt.**

## Wie können Wasserläufer auf dem Wasser laufen?

Ab dem Frühjahr kann man an jedem See oder Weiher einige verhältnismäßig große Insekten beobachten, die mit ziemlicher Geschwindigkeit über das Wasser laufen. Kurz darauf bleiben sie dann wieder ruhig auf der Wasseroberfläche liegen. Diese Insekten, die zu den Wanzen gehören, tragen den treffenden Namen Wasserläufer. Sie können auf dem Wasser laufen, weil sie sich dessen Oberflächenspannung zunutze machen.

**Extrem lange Beine**

Die Hinterbeine der Wasserläufer, die sie x-förmig vom Körper abspreizen, sind extrem lang. Dadurch können die Tiere ihr Gewicht so weit verteilen, dass sie die Oberflächenspannung des Wassers nicht durchbrechen. Außerdem sind Wasserläufer am ganzen Körper mit feinen, Wasser abweisenden Härchen bedeckt.

Wasserläufer können übers Wasser laufen.

Die Tiere bewegen sich ruckartig über das Wasser. Mit dem hinteren Beinpaar bestimmen sie die Richtung und stoßen sich wie beim Rudern ab. Ihre relativ kurzen Vorderbeine dienen lediglich dem Beutefang.

## Die Oberflächenspannung des Wassers

Jede Flüssigkeit weist gegenüber einem Gas, zum Beispiel Luft, eine Oberflächenspannung auf. Dies beruht auf der Tatsache, dass Flüssigkeiten ihre Oberfläche möglichst gering halten wollen. Das können sie am besten, wenn sie Tropfen bilden. Die Oberflächenspannung des Wassers lässt sich anhand des folgenden Experiments gut beobachten.

### Dazu benötigst du:

**ein Glas**
**Wasser**
**eine Büroklammer**

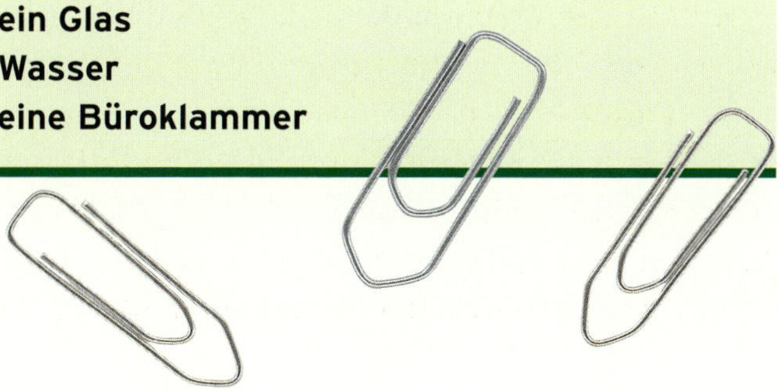

### Und so gehts:

Fülle ein Glas bis zum Rand mit Wasser und gib vorsichtig, Tropfen für Tropfen, noch mehr Wasser dazu. Das Wasser wird zunächst nicht überlaufen, obwohl das Glas höher als bis zum Rand gefüllt ist. Die Wölbung des Wassers kannst du gut erkennen, wenn du seitlich auf das Glas blickst.

Allerdings lässt sich die Oberflächenspannung nicht endlos aufrechterhalten. Wenn du noch mehr Wasser hinzugibst, wird die „Wasserhaut" irgendwann reißen und das Glas zum Überlaufen bringen.

Zunächst ist diese Haut so stark, dass sogar eine Büroklammer, die ja bekanntlich aus Eisen besteht, auf ihr schwimmen kann! Das glaubst du nicht? Dann probier es doch einfach mal aus!

Lege die Büroklammer ganz vorsichtig auf die unter Spannung stehende Wölbung. Das Ergebnis ist ziemlich verblüffend oder? Zerstört man jedoch den Spannungsbogen, wird sie sofort untergehen und das Wasserglas zum Überlaufen bringen.

Jetzt verstehst du sicherlich auch, wie wichtig diese Wasserhaut für die kleinen Wasserläufer ist. Ohne sie könnten sie nicht über das Wasser laufen, sondern würden im Teich versinken.

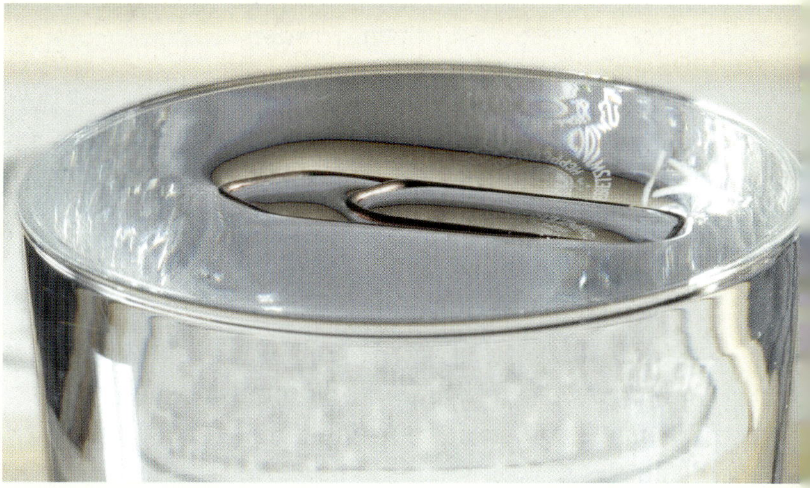

Die Büroklammer schwimmt auf der Wasserhaut.

## Warum bleibt eine Spinne nicht in ihrem Netz hängen?

Sicherlich hast du dich schon einmal gefragt, warum eine Spinne nicht an ihrem eigenen Netz kleben bleibt. Denn während ihre Opfer darin zappeln und sich vergeblich darum bemühen, zu entkommen, bewegt sich eine Spinne auf ihrem Netz mühelos hin und her.

**Klebrige Fäden**

Lange Zeit vermutete man, dass die Spinnen einfach nicht an ihrem eigenen Klebstoff haften bleiben – aber das stimmt nicht. Die Sache ist viel einfacher: Zuerst spinnt die Spinne ihr Netz aus ganz normalen trockenen Fäden. Diese dünnen Schnüre sondert sie aus ihrem Hinterleib ab.

Dann erst überzieht sie das fertige Netz teilweise mit den klebrigen Fäden. Die Spinne selbst merkt sich dann, auf welchen Fäden sie laufen kann und wo auch sie kleben bleiben würde. So wird sie immer nur über die normalen Fäden ihres Netzes laufen.

Eine Spinne in ihrem Netz

## Wie atmen Fische?

Fische haben Kiemen.

Die Luft, die wir atmen, ist aus verschiedenen Bestandteilen zusammengesetzt. Einer davon ist der Sauerstoff, den wir zum Leben brauchen. Sauerstoff ist ein gasförmiges Element. Es ist das häufigste Element auf der Erde und auch im Wasser enthalten. Fische können ihn im Gegensatz zu uns Menschen und den meisten Landtieren aus dem Wasser entnehmen.

**Kiemen statt Lungen**

Um dem Wasser den Sauerstoff zu entziehen, haben Fische anstelle von Lungen Kiemen. Das sind sehr dünne Hautlappen, die gut durchblutet und stark verzweigt sind.

Während das Wasser durch die Kiemen strömt, nehmen die Blutgefäße den Sauerstoff aus ihm auf und geben ihn an den Körperkreislauf weiter. Damit ständig neues, sauerstoffhaltiges Wasser durch die Kiemen fließt, öffnen und schließen die Fische ununterbrochen ihr Maul.

### Schon gewusst?

**Sind Fische zu lange an der Luft, dann ersticken sie, weil ihre Kiemenblättchen außerhalb des Wassers verkleben. Dadurch wird deren Oberfläche zu klein, um ausreichend Sauerstoff aufnehmen zu können.**

## Wie wird aus der Kaulquappe ein Frosch?

Die meisten Amphibien schlüpfen aus Eiern, dem sogenannten Laich. Diesen legen zum Beispiel Frösche, Molche oder Kröten als durchsichtige, schwabbelige Klumpen oder Ketten im Wasser ab.

Kaulquappen in einem Teich

**Die Entwicklung**

Schon nach wenigen Tagen wachsen kleine Kaulquappen heran. An ihrem runden Körper erkennt man außer dem Ruderschwanz deutlich die Kiemen, mit denen sie unter Wasser atmen können. Sie werden später von einem Hautlappen überdeckt. Erst nach einigen Wochen entwickeln sich die Hinterbeine, kurz danach die Vorderbeine. Nach mehreren Monaten wird der Frosch zum Landtier, bildet die Kiemen zurück und verliert seinen Schwanz.

**Achtung!**

**Es würde sicher Spaß machen, aus einem Weiher Kaulquappen mitzunehmen und zu Hause aufzuziehen. Doch das ist in Deutschland gesetzlich verboten. Denn die meisten Amphibien gehören zu den geschützten Tieren!**

## Wie überwintern Amphibien?

Amphibien oder Lurche sind die älteste Klasse der Landwirbeltiere. Die Bezeichnung Amphibien tragen sie, weil sie ihr Leben sowohl im Wasser (als Ei und im Larvenstadium) als auch an Land verbringen. Das Wort „amphi" ist altgriechisch und bedeutet „auf beiden Seiten".

Amphibien sind wechselwarme Tiere, das heißt, dass ihre Körpertemperatur von der Außentemperatur abhängig ist. Daher werden sie bei Kälte sehr träge und unbeweglich. Aus diesem Grund leben sehr viele Amphibienarten nicht bei uns, sondern in wärmeren Gebieten. Die meisten gibt es übrigens im brasilianischen Regenwald.

**Die Winterruhe**

In Nord- und Mitteleuropa verbringen Amphibien die kalte Jahreszeit an frostfreien Plätzen im Boden oder am Grund eines Gewässers. Dort fallen sie etwa zwischen Mitte Oktober und Mitte März in eine Kältestarre. Ihre Körperfunktionen sinken auf ein absolutes Mindestmaß. Weil sie nur noch wenig atmen, fällt der Sauerstoffgehalt in ihrem Blut beinahe auf null.

Frösche gehören zu den Amphibien.

## Warum bringen bei den Seepferdchen die Männchen die Babys zur Welt?

Bei den meisten Tierarten ist es so, dass sich vorwiegend die Weibchen um die Aufzucht der Jungtiere kümmern.

Nur ganz selten wie beispielsweise bei der Geburtshelferkröte, dem Stichling oder dem Regenpfeifer überlassen sie diese Aufgabe nach der Geburt allein dem Vater. Aber wie ist es möglich, dass bei den Seepferdchen die Männchen die Jungen sogar zur Welt bringen?

Ein Seepferdchen im Wasser

### Eine Tasche für die Eier

Selbst bei den ausgefallensten Tierarten sind immer die Weibchen für das Kinderkriegen zuständig. Daher ist es auch bei den Seepferdchen so, dass das Männchen nicht wirklich die Jungen auf die Welt bringt, auch wenn sie tatsächlich aus seinem Bauch schlüpfen.

Zuvor nämlich legt das Weibchen wie alle anderen Fische die Eier ab. Allerdings setzt es diese in die Bruttasche des Männchens. Das trägt die Eier von nun an so lange mit sich herum, bis die Jungen ausschlüpfen.

## Wie halten Meerestiere den hohen Wasserdruck aus?

Die Tiere der Tiefsee gehören zu den unerforschtesten Lebewesen der Erde. Immer noch weiter unten im Meer entdecken Wissenschaftler ständig neue Lebensformen. Mehr als 5700 verschiedene Arten wurden bis heute erfasst. Sie leben in einer Tiefe von mehr als 1000 Metern. Außerdem sind mehr als 200.000 Arten bekannt, die allein den Meeresboden bewohnen.

Fische in der Tiefsee

### Riesige Wassermassen

Egal ob es sich bei diesen Tieren um ungewöhnlich große Einzeller, Riesenkrabben, meterlange Röhrenwürmer oder merkwürdig aussehende Fische handelt: Sie alle müssen den gewaltigen Druck der riesigen Wassermassen aushalten, der in einer Tiefe von 1000 Metern 100 Kilogramm pro Quadratzentimeter beträgt.

Um überleben zu können, haben sich die Tiere der Tiefsee den schwierigen Lebensbedingungen hervorragend angepasst: Sie bestehen nämlich selbst hauptsächlich aus Wasser. Dadurch können sie den Innendruck ihres Körpers ganz leicht dem jeweiligen Wasserdruck anpassen. Denn der Druck wirkt sich nur auf die Hohlräume im Körper aus. So haben diese Lebewesen auch keine Schwimmblase wie die Fische in niedrigerem Wasser. Diese würde nämlich aufgrund des hohen Wasserdrucks sofort platzen und die Tiere würden sterben.

## Wie kommt die Perle in die Muschel?

Große echte Perlen gehören zu den wertvollsten Schmuckstücken, die es gibt. Im Gegensatz zu Edelsteinen wie Diamanten oder Rubinen sind Perlen aber keine Steine, sondern tierische Produkte. Sie lassen sich in wild lebenden Muscheln finden, können aber auch gezüchtet werden.

**Ein Fremdkörper in der Muschel**
Eine Muschel ist ein Tier, bei dem der weiche Körper durch die harte Schale vor Feinden geschützt wird. Perlmuscheln gehören zur Familie der Flügelmuscheln und sind keineswegs Austern, wie man oft fälschlich wegen der englischen Bezeichnung „pearl oyster" annimmt.

Perlen wachsen nicht in jeder Perlmuschel, sondern nur, wenn ein Fremdkörper tief in ihr Gewebe eindringt oder wenn sie auf eine andere Weise verletzt wird. Um diesen Fremdkörper bilden sich viele Schichten aus Kalziumkarbonat (das spätere Perlmutt). Dadurch soll er vom gesunden Gewebe abgesondert werden. Letztendlich entspricht eine Perle nichts anderem als einer Zyste beim Menschen.

Manchmal findet man in einer Muschel eine Perle.

## Wie kann das Chamäleon seine Farbe wechseln?

Die meisten Tiere haben eine dauerhafte Tarnfarbe. Einige Arten wie der Schneehase oder das Hermelin wechseln im Winter sogar ihr Fell, um so im Schnee unsichtbar zu sein. Es gibt aber auch ein Tier, das seine Farbe ständig verändern kann: das Chamäleon. Chamäleons sind Reptilien, die hauptsächlich in Afrika zu Hause sind. Es gibt etwa 160 Arten, die eine Größe von 3,5 bis etwa 70 Zentimeter erreichen.

**Wenn Gefahr droht**
Ihre Farbe ändern sie nicht nur, um sich besser an die Umgebung anzupassen. Sie nützen den Farbwechsel auch zur Verständigung mit ihren Artgenossen und zur Paarungszeit. Am schnellsten ändern sie ihre Farbe bei Gefahr.

Der Farbwechsel der Chamäleons erfolgt durch Bewegungen der Muskeln und ist von Art zu Art verschieden.

Die Tiere besitzen drei übereinanderliegende Hautschichten mit verschiedenen Farbpigmenten. Indem sie ihre Muskeln zusammenziehen, können sie die verschiedenen Farben entweder verdecken oder dementsprechend freilegen.

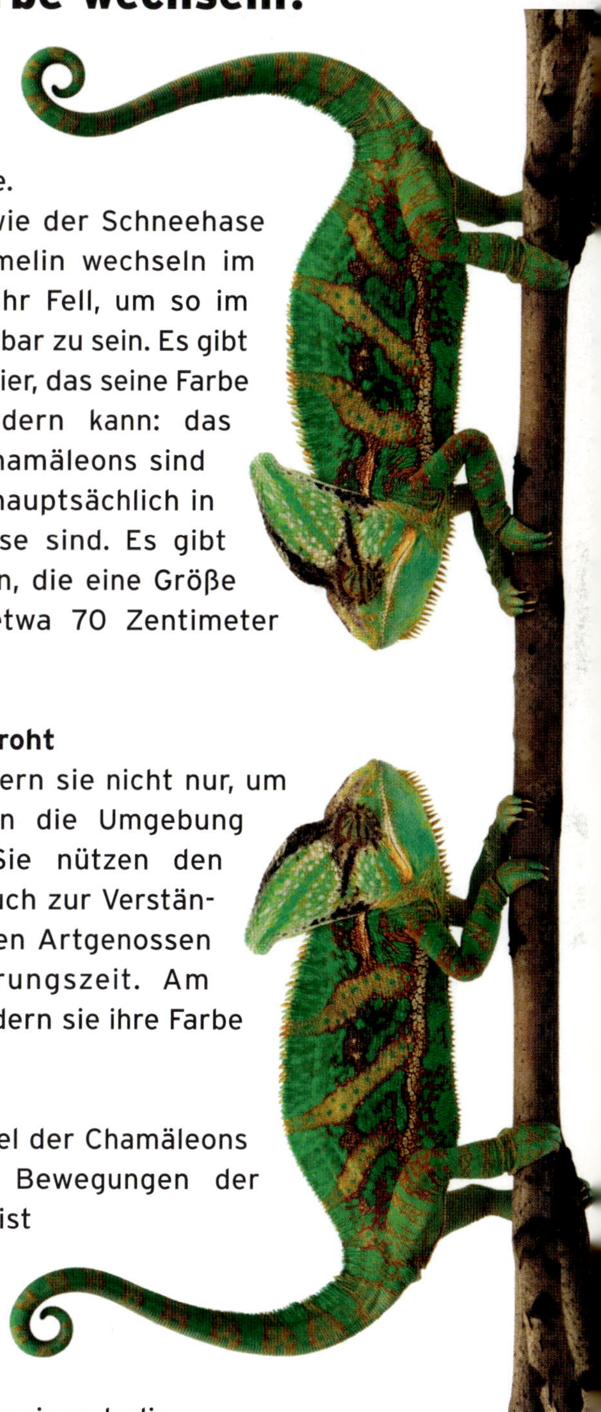

Chamäleons können ihre Farbe ständig wechseln.

## Warum züngeln Schlangen?

Bestimmt hast du schon einmal eine Schlange in einem Terrarium beobachtet: Alle paar Sekunden streckt sie kurz ihre Zunge aus dem Maul, bewegt sie ganz schnell hin und her und zieht sie dann wieder ein. Offensichtlich hat das aber nichts mit der Atmung zu tun, denn schlafende Schlangen tun das nicht.

Schlangen haben eine gespaltene Zunge.

**Das Jacobsche Organ**
Da Schlangen nicht besonders gut sehen können, müssen sie sich bei der Suche nach Beute und bei ihrer Orientierung auf ihren Tast- und Geruchssinn verlassen. Für beides verwenden sie ihre Zunge.

Allerdings riechen sie nicht wirklich mit der Zunge, sondern nehmen mit ihr Geruchsstoffe aus der Luft wahr. Diese bringen sie dann zum sogenannten Jacobschen Organ, das sich vorn im Gaumen befindet. Dieses Organ besitzen nur Schlangen. Es ist noch viel feiner als ihre Nase.

**Schon gewusst?**
**Zum Züngeln muss die Schlange übrigens nicht ihr Maul öffnen, denn in ihrem Oberkiefer hat sie dafür extra einen kleinen Spalt.**

## Wie kann die Eidechse bei Gefahr ihren Schwanz abwerfen?

Eidechsen gehören zu den Reptilien und leben in Europa, Asien und Afrika. Alle Arten können bei Gefahr ihren Schwanz abwerfen. Dafür muss der Angreifer sie gar nicht am Schwanz gepackt haben. Es handelt sich vielmehr um eine vorsorglich eingesetzte Sicherheitsmaßnahme.

**Bei drohender Gefahr**
Eidechsen haben deshalb an den letzten sechs Schwanzwirbeln eine sogenannte Sollbruchstelle, an der auch das Bindegewebe schwächer ist. Bei Gefahr zieht die Eidechse einen der ringförmigen Muskeln am Schwanz ruckartig zusammen und bricht so ein größeres oder kleineres Stück von ihm ab.

Der Schwanz kann sich bis zu 20 Minuten lang selbstständig bewegen und so den Verfolger ablenken. Wenn die Eidechse ihren Schwanz abwirft, verliert sie nicht einmal besonders viel Blut. Er wächst sogar wieder nach, wenn auch nicht in der gleichen Größe und Färbung. Außerdem braucht die Eidechse sehr viel Energie, um einen neuen Schwanz auszubilden. So ist das Abwerfen wirklich nur eine allerletzte Notlösung.

Vorsicht, eine Katze!

## Wie kann man das Alter von Fossilien bestimmen?

Fossilien sind Überreste von Lebewesen aus längst vergangenen Zeiten. Meist sind sie als Versteinerungen erhalten. Bisher wurden über 130.000 alte Tier- und Pflanzenarten entdeckt. Eine der interessantesten Fragen ist natürlich, ob sie mehrere Hundert Millionen oder doch „nur" 10.000 Jahre alt sind.

**Verschiedene Möglichkeiten**

Es gibt mehrere Arten, das Alter von Fossilien herauszufinden. Bei der Bestimmung durch Leitfossilien wird anhand von typischen Arten festgestellt, welche Gesteine sich zeitgleich im Boden abgelagert haben.

Die sogenannte Schichtkunde legt eine Zeitfolge fest. Diese lässt sich mit den Gesteinsschichten, die man am Ausgrabungsort gefunden hat, ermitteln. Die genauesten Daten aber liefert seit der Entdeckung der Radioaktivität die radiometrische Altersbestimmung. Dabei wird die Zerfallszeit verschiedener Stoffe in einem toten Lebewesen berechnet.

Eine Versteinerung

## Wie funktioniert die Fotosynthese?

Zur Fotosynthese brauchen Pflanzen Sonnenlicht.

Die Fotosynthese ist der wichtigste biochemische Vorgang auf unserer Erde. Denn durch ihn wird der Sauerstoff freigesetzt, ohne den Menschen und Tiere nicht leben könnten. Außerdem werden dabei viele Stoffe gebildet, die andere Lebewesen wiederum als Energiequelle oder Baustoffe benutzen.

**Ein komplizierter Vorgang**

Die Fotosynthese findet in den Pflanzenzellen der Blätter statt. Darin befindet sich auch der grüne Pflanzenfarbstoff Chlorophyll. Zunächst nimmt die Pflanze Kohlendioxid aus der Luft und Wasser auf.

Wenn die Sonne scheint und ihr Licht abgibt, verbinden sich Kohlendioxid und Wasser zu Traubenzucker. Dieser kann dann durch den ganzen Baum transportiert werden, um ihn mit Energie zu versorgen. Außerdem entsteht bei diesem Prozess Sauerstoff.

**Schon gewusst?**

**Eine 100-jährige Buche produziert so viel Sauerstoff, dass er eine Stunde lang für 50 Menschen ausreichen würde!**

## Warum sind die meisten Pflanzen grün?

Die meisten Pflanzen, zumindest ihre Blätter und ihre Stängel, sind grün. Diese Farbgebung ist tatsächlich – im Gegensatz zur Farbe vieler Blüten – kein Zufall. Verantwortlich für die Grünfärbung der Pflanzen ist der Farbstoff Chlorophyll (Blattgrün), mit dem sie bei der Fotosynthese (siehe Seite 85 unten) das Sonnenlicht aufnehmen. Und Chlorophyll ist nun einmal grün.

**Grünes Licht**

Das Licht, das wir sehen, ist nämlich eine Mischung aus roten, grünen, gelben und blauen Anteilen. Dabei wird die rote und die blaue Strahlung besonders gut vom Chlorophyll aufgenommen, das grüne Licht dagegen nicht. Dieses wird zu einem großen Teil wieder zurückgestrahlt.

Es gibt aber auch Pflanzen mit dunkelgrünen oder fast schwarzen Blättern wie beispielsweise die Eibe. Sie kann aufgrund einer anderen Struktur ihrer Oberfläche auch das grüne Licht verwerten.

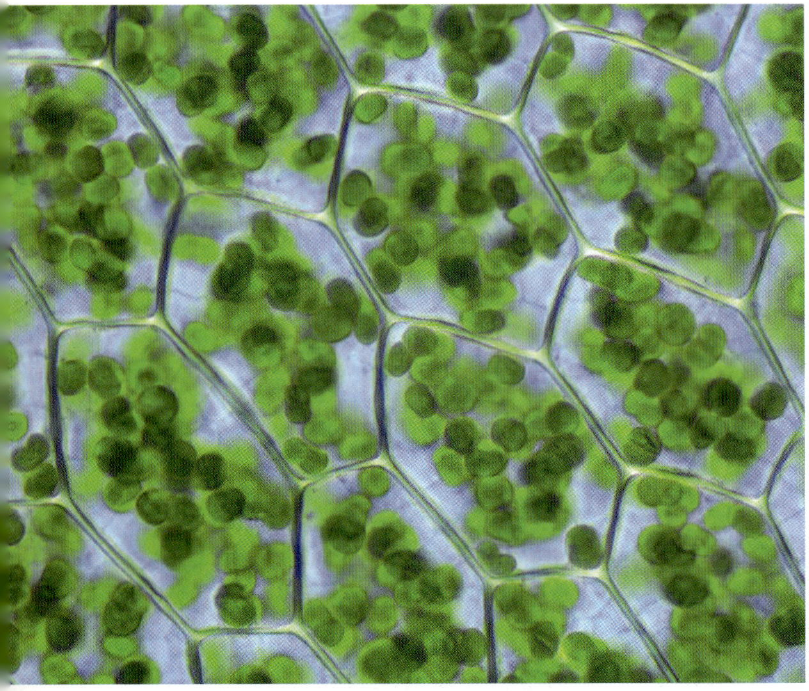

Chlorophyll ist ein grüner Farbstoff in Pflanzenzellen.

## Wie drehen sich Pflanzen nach der Sonne?

Tulpen auf der Fensterbank

Pflanzen, die man nach dem Umtopfen oder dem Fensterputzen wieder zurück aufs Fensterbrett stellt, drehen sich nach einiger Zeit ganz von selbst zum Licht. Allerdings scheint das nur so, denn Pflanzen können sich überhaupt nicht drehen.

**Viele Wachstumshormone**

Vielmehr bilden die Pflanzen an der Seite ihres Stamms oder Stängels, die im Schatten liegt, eine besonders große Zahl von Wachstumshormonen. Das sind körpereigene Wirkstoffe. Dadurch wachsen die Zellen auf der „dunklen" Seite viel schneller. Auf diese Weise wird die Pflanze plötzlich in eine andere Richtung gebogen. Und weil Pflanzen das Sonnenlicht zum Leben brauchen, richten sie sich einfach wieder nach der Sonne aus.

**Vorsicht!**

**Allerdings sollte man das nicht absichtlich ausprobieren, denn die Pflanze braucht dafür so viel Kraft, dass sie dabei eingehen kann.**

## Gibt es in Bäumen eine Wasserleitung von den Wurzeln bis zur Krone?

Wenn man an heißen Tagen die Blumen gießt, kann man beobachten, wie schnell sie das Wasser aufsaugen. Manchmal sehen sie schon nach wenigen Minuten wieder ganz frisch aus, obwohl ihre Blätter kurz zuvor noch matt und welk herunterhingen. Wie aber schafft das ein Baum, der mehr als 100 Meter hoch werden kann? Zumal er ja im Gegensatz zu einem Tier kein Herz hat, das die Flüssigkeit durch seinen Körper pumpt.

Bäume transportieren Wasser von den Wurzeln bis zur Krone.

**Und ab gehts nach oben**

Innerhalb eines Baumes befindet sich, solange er lebt, immer Feuchtigkeit. Dabei stehen die winzigen Wassermoleküle miteinander in Verbindung und bilden so in den dünnen Wasserleitungsbahnen der Bäume eine durchgängige Wassersäule.

Gleichzeitig verdunsten die Blätter über winzig kleine Öffnungen ständig Wasser, wodurch in ihren Zellen ein Vakuum (luftleerer Raum) entsteht. Dieses sorgt dann dafür, dass die Wasserteilchen von den Wurzeln aus mit einer Geschwindigkeit von mehr als einem Meter pro Minute durch den ganzen Baum nach oben gesaugt werden.

## Warum behalten die Nadelbäume im Winter ihre Nadeln?

Viele Nadelbäume behalten ihre Nadeln im Winter.

Wie jeder weiß, verlieren nur die Laubbäume im Herbst ihre Blätter, während die meisten Nadelbäume ihre Nadeln behalten. Der wichtigste Grund dafür ist, dass die „Blätter" der Nadelbäume, also die Nadeln, wesentlich weniger Wasser verdunsten.

**Eine kleinere Oberfläche**

Dies liegt sowohl an ihrer viel kleineren Oberfläche als auch an den Zellen mit besonders dicken Wänden und der Wachsschicht an ihrer Oberfläche. Außerdem ist bei den Nadelbäumen die Gefahr, dass sie unter dem Gewicht des Schnees zusammenbrechen, viel geringer als bei den Laubbäumen. Die Oberflächen der Nadeln sind nämlich viel kleiner als die der normalen Blätter.

**Schon gewusst?**

**Selbst Nadelbäume werfen regelmäßig ihre Nadeln ab, wenn auch viel seltener und nicht alle auf einmal. So entsorgen die Bäume nämlich giftige Abfallprodukte, die beim Stoffwechsel entstehen, sowie abgelagerte Umweltgifte.**

## Wie überleben Wüstenpflanzen?

Wasser gehört zu den wichtigsten Lebensgrundlagen. Umso erstaunlicher ist es, dass es auch in der Wüste Leben gibt und Pflanzen dort sogar nach jahrelanger Trockenheit immer wieder neu wachsen und erblühen.

In der Wüste gibt es Leben.

**Die Überlebenskünstler**

Um in Trockenheit und Hitze überleben zu können, haben die Pflanzen verschiedene Techniken entwickelt. Zu den häufigsten Wüstenpflanzen gehören die sogenannten Therophyten, die die heißesten Monate als Samen überstehen. Daneben gibt es noch die Geophyten, die unter der Erde in Form von Knollen oder Zwiebeln überleben. Ihnen gemeinsam ist die extrem kurze Vegetationszeit. Das heißt, dass sie alle Entwicklungsstadien (das Austreiben, das Blühen und das Bilden der Früchte) in der kurzen Zeit durchlaufen, in der es auch in der Wüste Wasser gibt. Kakteen dagegen können Wasser über einen sehr langen Zeitraum speichern.

**Tipp!**

**Einer der berühmtesten und schönsten Filme über die Wüste ist der preisgekrönte Dokumentarfilm „Die Wüste lebt" aus den Walt-Disney-Studios von 1953.**

## Warum zittert Espenlaub?

„Du zitterst ja wie Espenlaub" ist eine ziemlich bekannte Redewendung, die du sicher auch schon einmal gehört hast. Sie bezieht sich auf einen Baum, der zu den Pappeln gehört und in Europa, Nordafrika und Westasien weit verbreitet ist. Bezeichnenderweise ist die Espe auch als Zitterpappel bekannt.

Der Rand der Blätter ist gezähnt.

**Das steckt dahinter**

Die Blätter der Espe sind rundlich mit einer kleinen Spitze und haben einen gezähnten Rand: Verantwortlich für das „Zittern" sind aber die Form und Länge ihres Stängels. Mit bis zu acht Zentimetern ist er verhältnismäßig lang und außerdem an den Seiten ein bisschen abgeflacht.

Deshalb, und weil Espen sehr viel Licht brauchen und daher oft auf weiten Lichtungen oder an Waldrändern wachsen, bewegen sich ihre Blätter schon beim leisesten Windhauch heftig hin und her. Das sieht dann so aus, als ob ihr ganzes Laub zittern würde.

## Wie ernähren sich Pflanzen?

Jeder hat schon einmal etwas von fleischfressenden Pflanzen gehört. Jedoch sind das eher die Ausnahmen. Wie aber ernähren sich „normale“ Gewächse?

**Wasser und Mineralstoffe**
Die Versorgung der Pflanzen mit Energie erfolgt über die Fotosynthese (siehe Seite 85 unten). Daneben benötigen sie aber auch Wasser und Mineralstoffe, die sie über ihre Wurzeln aus dem Boden aufnehmen.

Die wichtigsten Stoffe, die Pflanzen in größeren Mengen benötigen, sind Stickstoff, Phosphor, Kalium, Kalzium und Magnesium.

Über die Wurzeln nehmen Pflanzen Wasser auf.

**Schon gewusst?**
**Um zu verhindern, dass der Boden unfruchtbar wird, bringen Bauern regelmäßig Dünger wie zum Beispiel Kuhmist auf den Feldern aus. Außerdem betreiben sie meistens eine Fruchtwechselwirtschaft, bei der abwechselnd verschiedene Feldfrüchte angebaut werden. So kann sich der Boden aufgrund der unterschiedlichen Ansprüche der einzelnen Pflanzen leichter erholen.**

## Wie fressen Pflanzen Fleisch?

Eine fleischfressende Pflanze

Normalerweise fressen Tiere Pflanzen. Aber es gibt auch einige Pflanzen, die Tiere fressen. Ohne Mund und ohne Magen! Solche fleischfressenden Pflanzen gibt es sogar in Deutschland. Zu ihnen gehören beispielsweise der Sonnentau und das Fettkraut.

Die meisten fressen natürlich keine großen Tiere, sondern Spinnen und Insekten, die sie in der Regel auch nicht aktiv „erbeuten“. In den Tropen gibt es aber auch größere fleischfressende Pflanzen, nämlich die Kannenpflanzengewächse, die sogar kleine Säugetiere verdauen können!

**Die Fangmethoden**
Da die Pflanzen natürlich nicht auf die Jagd gehen können, haben sie verschiedene Methoden entwickelt, mit denen sie ihre Nahrung fangen.

Dazu gehören Klebefallen, Klapp- und Saugfallen sowie Reusen- und Fallgrubenfallen. Die Beute wird mit Duftstoffen angelockt, in diesen Fallen festgehalten und dann allmählich zersetzt. Auf diese Weise versorgen sich die Pflanzen mit Nährstoffen und Stickstoff.

## Wie kommt der Apfel an den Baum?

Ein Apfel hängt an einem Baum.

Wie jeder weiß, bestäuben die Bienen beim Sammeln des Nektars die Blüten. Aber wieso wachsen dann Äpfel oder Birnen am Baum, während bei einer Blume so etwas nicht passiert?

**Die Kerne in der Frucht**

Zwar wächst an Blumen kein Obst, aber letztendlich setzen die Bienen bei den Apfelblüten das Gleiche in Gang wie bei den Blumen. Wenn eine Blüte bestäubt wurde, bilden sich Samen. Bei den Blumen sind das winzig kleine Körnchen wie beim Mohn oder relativ große wie bei der Sonnenblume.

Beim Apfelbaum sind es die Apfelkerne. Die Kerne hängen aber nicht einfach so am Baum. Sie befinden sich in einer Frucht (zum Beispiel im Apfel), die durch das Anschwellen des Fruchtknotens entsteht. Wenn ein Tier diese Frucht frisst, verbreitet es die Samen, da es die Kerne woanders unversehrt wieder ausscheidet.

## Wer macht die Banane krumm?

Bananenstauden sind mehrjährige Pflanzen, die so ähnlich aussehen wie Palmen. Bereits nach sieben bis neun Monaten bildet sich am oberen Ende des Stammes ein Blütenstand, aus dem später die Früchte wachsen.

**Erst nach unten, dann nach oben**

Die Früchte, die zunächst von einem sogenannten Hochblatt bedeckt sind, wachsen anfangs nach unten. Sie drehen sich aber, sobald das rot-violette Hochblatt abfällt, dem Licht zu. Deshalb sind die Bananen krumm. Verursacht wird diese Krümmung von Wachstumshormonen. Diese regen die Früchte dazu an, auf der Seite, die im Dunkeln liegt, stärker zu wachsen (siehe Seite 86 rechts).

Bananen drehen sich nach der Sonne.

**Schon gewusst?**

**Ursprünglich stammt die Banane aus Südostasien. Nach Afrika kam sie wohl mit Einwanderern aus Indonesien. Von den Kanarischen Inseln gelangte sie dann nach Amerika. Die ersten Bananenplantagen wurden schon 1502 von portugiesischen Siedlern in der Karibik und in Südamerika angelegt.**

## Warum werden die Blätter im Herbst bunt und fallen ab?

Jeweils im Herbst eines jeden Jahres können wir sehen, wie die Blätter der Bäume erst bunt werden und dann abfallen. Aber gibt es da einen Zusammenhang?

Im Herbst verlieren die Laubbäume ihre Blätter, um sich auf den Winter vorzubereiten. In erster Linie geschieht das deshalb, weil die Bäume bei gefrorenem Boden nicht genügend Wasser gewinnen können, um die Blätter damit zu versorgen.

**Der grüne Blattfarbstoff**

Durch die kürzeren Tage und die sinkenden Temperaturen merkt der Baum, wann er mit der Vorbereitung auf den Winter beginnen muss. Allerdings stecken in den Blättern viele Nährstoffe. Also zieht er diese aus den Blättern zurück in den Stamm und die Äste.

Vor allem aber wird auch der grüne Blattfarbstoff aus den Blättern abgezogen. Dadurch werden andere Farbstoffe, vor allem die gelben bis rötlichen Karotinoide, sichtbar. Dann bildet sich am Ansatz der Stängel eine korkartige Trennschicht, sodass die Blätter abfallen, die Wunde aber sofort geschlossen ist.

Buntes Herbstlaub

## Wie verwandelt sich ein Löwenzahn in eine Pusteblume?

Aus dem Löwenzahn wird eine Pusteblume.

Der Löwenzahn mit seinen gezähnten Blättern und den leuchtend gelben Blüten, aus denen später die Pusteblumen werden, ist ein ganz besonderer Überlebenskünstler. Er braucht kaum Erde zum Wachsen und hat überdies ein raffiniertes Verbreitungssystem für seine Samen entwickelt.

**Kleine Fallschirme**

Die Löwenzahnblüte besteht genau genommen aus vielen gelben Blütenblättern, die später vertrocknen und abfallen. Nun kommen die kleinen Fallschirme zum Vorschein. Wenn die Samen an ihrem unteren Ende reif sind, lösen sie sich von der Pflanze und werden vom Wind davongetragen.

**Schon gewusst?**

**Jeder hat wohl schon einmal die kleinen Fallschirme einer Pusteblume fortgeblasen. Allerdings kann man sich kaum vorstellen, wie weit die Samen tatsächlich fliegen. Bei normalem Wind sind es bis zu 16 Kilometer, bei günstigen Aufwinden sogar mehrere Tausend Kilometer. Dabei überqueren sie manchmal sogar Meere!**

## Wie entstehen die Ringe in einem Baumstamm?

Jahresringe in einem Baumstamm

Wer sich schon einmal einen abgesägten Baum näher angeschaut hat, hat in seinem Inneren sicher auch das ringartige Muster bemerkt. Diese Baumringe oder Jahresringe sind nicht immer gleichmäßig und können sich in ihrer Dicke und Farbe unterscheiden.

Die Jahresringe entstehen beim Wachsen des Baumes. Während er in die Höhe wächst, muss er auch dicker werden, damit er nicht umfällt. Da der feste hölzerne Stamm aus abgestorbenem Gewebe besteht und deshalb nicht von innen her wachsen kann, bildet sich jedes Jahr unterhalb der Rinde eine neue Zellschicht rings um den bisherigen Stamm.

**Wichtige Informationen**
In den Baumringen sind alle möglichen Informationen aus dem Leben des Baumes gespeichert. Am leichtesten ist es, sein Alter zu bestimmen. Dazu muss man nur die Ringe abzählen. An der Breite der Ringe hingegen ist abzulesen, wie die Lebensbedingungen für den Baum in dem entsprechenden Jahr waren. Letztendlich erfährt man also, wie damals das Wetter war.

## Wie kommt der Wurm ins Holz?

Hier war ein Holzwurm zugange.

Holzwürmer sind die Larven des Gemeinen Nagekäfers. Die Käfer selbst bekommt man nur sehr selten zu Gesicht, denn sie sind nur zwei bis fünf Millimeter groß. Außerdem leben sie nicht im Holz, sondern vor allem unter trockenem Laub. Häufig findet man sie aber auch unter Efeublättern.

**Totes Holz**
Die Käfer legen ihre Eier in die Spalten und Risse von abgestorbenem Holz, in alte Baumstämme oder aber in Möbelholz. Frisches Holz befallen sie dagegen nicht. Die geschlüpften Larven fressen sich dann so lange durch das Holz, bis sie sich verpuppen, um sich anschließend in Käfer zu verwandeln. Das kann ein Jahr, bei ungünstigen Bedingungen aber auch bis zu acht Jahren dauern.

**Tipp!**
**Wer die kleinen Löchlein von Holzwürmern entdeckt, sollte unbedingt etwas gegen die Larven unternehmen. Denn obwohl sie so klein sind, haben diese Tierchen einen unglaublichen Appetit. Man kann das Möbelstück in sehr kalten Winternächten nach draußen stellen oder mit einer Heißluftpistole behandeln.**

# Fahrzeuge & Verkehr

## Wie fährt ein Auto?

Obwohl die Autos von heute kaum mehr ihren Vorgängern von vor über 100 Jahren ähneln, funktionieren sie doch immer noch nach dem gleichen Prinzip.

Ganz entscheidend sind dabei der Motor und die Art, wie die Kraft übertragen wird. Die meisten Autos fahren mit Verbrennungsmotoren. Das sind Wärme-Kraft-Maschinen, bei denen Kraftstoff verbrannt und so Energie erzeugt wird.

**Diesel oder Benzin**
Manche Motoren brauchen Benzin als Treibstoff, andere wiederum Diesel. Die Verbrennung des Kraftstoffs findet in mehreren Zylindern statt. In diesen werden mehrere Kolben ununterbrochen auf und ab bewegt.

Alle Zylinderkolben sind über sogenannte Pleuelstangen mit der Kurbelwelle verbunden, die sich ständig dreht. Auf diese Weise überträgt die Kurbelwelle die Kraft der Kolben auf die Radachsen und somit auf die Räder des Autos.

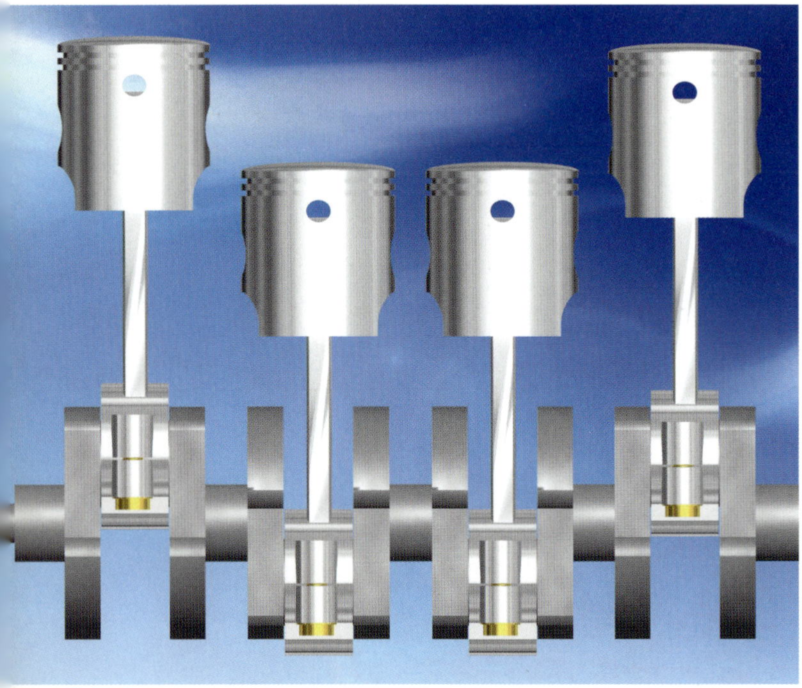

Vier Zylinderkolben an einer Kurbelwelle

## Was macht eine Gangschaltung beim Auto?

Ein Ganghebel in einem Auto

Damit ein Auto in verschiedenen Geschwindigkeiten fahren kann, braucht es eine Gangschaltung sowie einen Motor. Das ist eine Maschine, die Energie in Arbeit umwandelt.

Der Motor verfügt über eine stabförmige „Welle", die sogenannte Antriebswelle, die er in Drehung versetzt. Diese treibt dann ihrerseits beim Auto das Getriebe an. Das Getriebe formt die ankommende Energie so um, dass sie die Räder in Bewegung setzen kann.

**Hohe und niedrige Drehzahl**
Das Getriebe funktioniert jedoch nicht bei jeder Drehzahl. Ist sie zu niedrig, geht der Motor aus, ist sie auf Dauer zu hoch, wird der Motor beschädigt. Mit der Gangschaltung kann man dafür sorgen, dass der Motor stets mir der besten Drehzahl arbeitet.

## Wie findet ein Navigationssystem den Weg?

Unter Navigationsgeräten versteht man allgemein alle Hilfsmittel, die zur Orientierung und Ortsbestimmung verwendet werden. Das kann zu Land, zu Wasser oder in der Luft geschehen. Früher waren das vor allem der Kompass und die Landkarte. Heute dagegen verwendet man selbst beim Autofahren in der Stadt immer häufiger Navigationssysteme.

**Das steckt dahinter**

Ein Navigationssystem besteht aus einer elektronischen Karte, auf der der Weg und der aktuelle Standort angezeigt werden. Außerdem gehört ein Empfangsgerät dazu. Das Empfangsgerät wird ununterbrochen mit Signalen von mindestens vier Satelliten versorgt. Diese befinden sich auf verschiedenen, exakt vermessenen Umlaufbahnen um die Erde.

Aus diesen Signalen berechnet das Gerät seine eigene genaue Position. Zum Schluss werden die Signale mit den eingespeicherten Landkarten und Stadtplänen verglichen. Daraus lässt sich dann der Weg berechnen.

Navigationsgeräte sind sehr praktisch.

## Wofür braucht man einen Katalysator?

Katalysatoren filtern Autoabgase.

Da die Abgase von Automotoren sehr schädlich für die Umwelt sind, hat man einige Maßnahmen ergriffen, um sie einzudämmen. Eines der wichtigsten Mittel dazu ist der Fahrzeugkatalysator. Katalysatoren im Allgemeinen sind Stoffe, mit deren Hilfe ein chemischer Prozess in Gang gesetzt oder beschleunigt wird. Der Katalysatorstoff bleibt dabei meistens unverändert erhalten. Er dient gewissermaßen als Vermittler des Vorgangs.

**Die Wirkungsweise**

Der Katalysator im Auto besteht aus einem wabenförmigen Porzellanteil. Dieses ist mit verschiedenen Edelmetallen beschichtet und in den Auspuff eingebaut.

Durch den Kontakt mit den Edelmetallen wird Kohlenmonoxid in Kohlendioxid, Stickoxid in Stickstoff und Kohlenwasserstoff in Kohlendioxid und Wasser umgewandelt. Aus schädlichen Stoffen werden also weniger oder unschädliche Stoffe.

**Schon gewusst?**

**Da der Katalysator nur mit bleifreiem Benzin funktioniert, ist verbleites Benzin seit 2001 verboten.**

## Woher weiß die Ampel, wann sie umschalten muss?

Ampelmännchen in einer Fußgängerampel

Seit der Verkehr um 1900 vor allem in den Großstädten immer stärker wurde, musste man Möglichkeiten finden, ihn zu regeln. Anfangs wurde das von Verkehrspolizisten erledigt. Erst allmählich stellte man dann auf automatische Signalanlagen um. Solange es nur einzelne Ampeln gab, war es egal, wann sie Grün oder Rot zeigten.

**Modernste Technik**

Heutzutage aber müssen sie möglichst gut aufeinander abgestimmt werden, um Staus zu vermeiden. Deshalb werden sie mithilfe spezieller Programme von einem zentralen Computer gesteuert. So können sie je nach Tageszeit oder Verkehr umgestellt werden.

### Schon gewusst?

**Die erste Ampel der Welt gab es 1868 in London. Sie wurde noch mit Gas betrieben und explodierte nach kurzer Zeit. Erst nach der Einführung des elektrischen Stroms wurden ab 1912 wieder Ampeln aufgestellt. Die erste deutsche Ampel gab es 1922 in Hamburg.**

## Wie funktioniert eine Polizeisirene?

Sirenen auf einem Polizeifahrzeug

**Ein einziger Ton**

Die trompetenförmigen Signalhörner können jeweils nur einen einzigen Ton erzeugen. Die Sirenen werden dabei auf verschiedene Art betrieben. Entweder bläst man abwechselnd Luft in das betreffende Horn oder man steuert sie wie unterschiedlich hohe Autohupen.

Die Sirenen von Polizeifahrzeugen, Feuerwehrautos oder Krankenwägen gehören zu den sogenannten Warnanlagen. In ganz Europa dürfen sie nicht von Privatpersonen eingesetzt werden.

Weil die Signaltöne immer aus einer bestimmten Abfolge von Tönen bestehen, werden die Instrumente, mit denen sie erzeugt werden, auch als Folgetonhörner bezeichnet.

### Woher hat das Martinshorn seinen Namen?

**Die Folgetonhörner wurden in Deutschland erstmals von der 1880 in Sachsen gegründeten Deutschen Signal-Instrumenten-Fabrik Max B. Martin in großem Umfang hergestellt. Deshalb werden sie bei uns auch als Martinshorn bezeichnet.**

## Wie funktioniert die Fahrradschaltung?

Auch heute noch gibt es Fahrräder ohne Gangschaltung. Doch die Vorteile mehrerer Gänge wird niemand abstreiten, vor allem in einem Gelände mit vielen Steigungen. Wechselt man beim Radfahren den Gang, dann verringert oder vergrößert sich die Kraft, die man beim Treten braucht.

**Bergauf und bergab**
Je steiler ein Berg ist, desto mehr Kraft braucht man für eine Umdrehung. Deshalb hebt man mit der Gangschaltung die Fahrradkette auf ein anderes Zahnrad, das eine andere Anzahl an Zähnen besitzt. Rennräder haben oft sehr viele Ritzel. So nennt man die kleinen Zahnräder. Dadurch ändert sich die sogenannte Übersetzung der Tretleistung.

Fährt man in einem hohen Gang, läuft die Kette auf einem Zahnrad mit wenig Zähnen. Dabei muss man langsam und kräftig treten. In einem niedrigen Gang braucht man weniger Kraft, aber man muss schneller treten.

Ritzel und Schaltwerk an einem Rennrad

## Wie kommt der Teer auf die Straße?

Eine Teermaschine beim Straßenbau

Weil unsere Straßen immer stärker durch den Verkehr belastet werden, sind die Anforderungen an den Straßenbau im letzten Jahrhundert sehr gestiegen. Außer einem festen Unterbau, der aus mehreren Schichten besteht, ist auch eine feste Oberfläche wichtig geworden.

**Teer oder Bitumen**
Fast jeder hat schon einmal gesehen, wie eine Straße geteert wird. Die heiße, klebrige Masse, die dabei auf dem fertigen Straßenuntergrund aufgebracht wird, ist allerdings in Deutschland gar kein Teer mehr. Dieser wurde nämlich in den 1970er-Jahren verboten, weil er für die Gesundheit schädlich ist. Stattdessen verwendet man nun Bitumen, eine teerartige Masse.

Teer entsteht durch die Zersetzung von Holz, Kohle oder Schiefer durch Hitze. Bitumen oder „Erdpech" erhält man aus Erdöl. Es kommt aber auch als Gestein vor. Wenn man Bitumen mit Gesteinskörnern verbindet, kann Asphalt hergestellt werden. Er dient später als Straßenbelag.

## Wie funktioniert ein Kran?

Drei Lasthaken an einem Kran

Viele der berühmtesten Gebäude der Welt (die Pyramiden in Ägypten, das Kolosseum in Rom oder der Kölner Dom) wurden ohne die technischen Hilfsmittel unserer Zeit erbaut. So kann man leicht verstehen, warum manche von ihnen zu Weltwundern erklärt wurden. Dabei waren die Grundlagen für viele Maschinen schon in der Antike bekannt und konnten nur nicht umgesetzt werden.

**Der Flaschenzug**

Kräne gab es schon im sechsten Jahrhundert vor Christus. Allerdings mussten sie von Hand bedient werden. Heute werden sie mit Motoren betrieben. Sie funktionieren aber immer noch nach der einfachen Methode des Flaschenzuges.

Ein Flaschenzug ist eine Vorrichtung, mit der man schwere Lasten leichter hochheben kann. Er besteht aus mehreren Rollen (den sogenannten Flaschen) und einem Seil oder einer Kette, worüber die Rollen laufen. Je mehr Rollen zum Einsatz kommen, desto mehr kann der Kran heben.

## Wie funktioniert ein Bagger?

Bagger gibt es in einfacher Form schon seit dem Mittelalter. Sie dienen hauptsächlich dazu, Erde auszuheben oder Löcher wieder zu füllen. Daneben kann man mit Baggern Schüttgut wie Kies oder Sand leichter heben und transportieren. Die ältesten Bagger waren Seilbagger. Dabei wurde die Baggerschaufel mithilfe von Seilen bewegt.

**Gestern und heute**

Auch die riesigen Schwenkbagger im Bergbau funktionieren nach einem ähnlichen Prinzip. Weil Seilbagger aber sehr schwer zu steuern sind, kommen heutzutage fast nur noch Hydraulikbagger zum Einsatz.

Das sind Bagger, bei denen die Kräfte mithilfe des Drucks einer Flüssigkeit erzeugt und übertragen werden. Die größten Bagger der Welt werden im Braunkohlebergbau eingesetzt. Sie sind mehrere Hundert Meter groß und bewegen mit ihren Schaufelrädern 240.000 Tonnen pro Tag.

Ein Bagger beim Straßenbau

**Schon gewusst?**

**Das Wort Bagger kommt aus dem Niederländischen und bezeichnete dort ursprünglich einen Arbeiter, der den Boden im Hafen von Sand und Schlamm freiräumte.**

## Wieso muss sich die Betonmischmaschine ständig drehen?

Ein Betonmischfahrzeug mit Mischertrommel

Wenn man auf der Straße eines der großen Betonmischfahrzeuge sieht, weiß man sofort, ob es leer oder voll ist. Denn wenn sich Beton in der Mischertrommel befindet, muss sich diese auch während der Fahrt ununterbrochen drehen.

**Beton erstarrt**

Heutzutage wird der Beton für große Baustellen nämlich schon in der Fabrik aus Zement und unterschiedlichen Gesteinen (Kies, Sand oder Splitt) gemischt. Sobald man ihm Wasser zusetzt, kann man ihn verarbeiten. Allerdings beginnt er bald zu erstarren und muss deshalb in ständiger Bewegung gehalten werden.

**Schon gewusst?**

**In Amerika wird der Beton oft erst im Betonmischer gemischt. Dabei kippt man all seine Bestandteile und das Mischwasser zusammen in die Mischtrommel. Anschließend stellt man diese einige Minuten lang auf Höchststufe. So kann aber nicht garantiert werden, dass der Beton auch wirklich in Ordnung ist.**

## Warum geht ein Schiff nicht unter?

Dass Ruderboote und Schlauchboote auf dem Wasser schwimmen, ist nicht weiter erstaunlich, denn Holz und mit Luft gefülltes Plastik können ohnehin schwimmen. Aber wieso gehen die großen eisernen Frachter oder Tanker nicht unter, die ja oft auch sehr schwer beladen sind?

**Hohlräume im Schiff**

Entscheidend dafür, ob ein Schiff (oder etwas anderes) schwimmen kann oder nicht, ist sein Gewicht. Dabei muss man immer darauf achten, wie viel es im Vergleich zu der Menge Wasser wiegt, die es verdrängt. Zwar wiegen der eiserne Schiffsrumpf und die Ladung eines Schiffes relativ viel. Aber gleichzeitig gibt es auch viele Hohlräume in ihm, die nur mit Luft gefüllt sind.

Die meisten Handelsgüter wiegen nämlich weniger als Wasser. Daher ist sogar ein stark beladenes Containerschiff leicht genug, um nicht unterzugehen. Wichtig ist allerdings, dass das Schiff nicht zu tief im Wasser liegt. Sonst könnten vielleicht bei hohem Seegang die Wellen über Bord schwappen und in den Laderaum eindringen.

Ein voll beladenes Containerschiff

## Wie fliegt eine Rakete?

Eine Rakete auf dem Weg ins All

Um in den Weltraum zu fliegen, ist die Rakete das einzig mögliche Fluggerät. Denn nur mit ihr kann die nötige Schubkraft erzeugt werden, um die Schwerkraft der Erde zu überwinden. Außerdem kann sie sich auch im luftleeren Raum fortbewegen. Entscheidend hierfür ist das Rückstoßprinzip, nach dem sie funktioniert.

**Ab gehts nach oben**
Beim Start einer Rakete wird Treibstoff verbrannt. Dabei bilden sich zwischen 2000 und 4000 Grad Celsius heiße Gase, die unter sehr hohem Druck stehen. Sobald diese Gase aus den Düsen der Rakete nach unten hin entweichen, kommt es zu einem Rückstoß. Dadurch bewegt sich die Rakete nach oben und kann auf ihre Reise ins Weltall gehen.

Das Gleiche passiert mit einem Luftballon, den du aufbläst, aber nicht verknotest. Wenn du den Luftballon nun loslässt, fliegt er kreuz und quer durch die Gegend. Dieses Umherfliegen wird durch die ausströmende Luft verursacht, die einen Schub erzeugt.

## Wie fliegt ein Flugzeug?

Einer der sehnlichsten Wünsche des Menschen war es, fliegen zu können. Schon die Sagen der alten Griechen erzählen von Ikarus, der sich Flügel wie ein Adler baute, aber damit abstürzte. Dabei war er schon auf der richtigen Spur…

Tatsächlich sind die Vogelflügel das Vorbild für die Tragflächen eines Flugzeugs. Eine entscheidende Erkenntnis war jedoch, dass sie nicht flattern, sondern starr sein müssen.

**Start und Landung**
Es kommt vor allem auf die etwas gewölbte Form der Tragflächen an. Dadurch strömen die Luftteilchen an der oberen Seite schneller vorbei und verursachen so einen Sog nach oben (siehe Seite 68 links).

Allerdings braucht das Flugzeug dafür eine sehr hohe Geschwindigkeit. Die Luft würde nämlich sonst zu ungleichmäßig strömen und das Flugzeug könnte abstürzen. Deshalb sind Start und Landung die schwierigsten Momente beim Fliegen.

Ein Flugzeug in der Luft

## Warum stoßen Flugzeuge in der Luft nicht zusammen?

Vom Tower aus wird alles am Flughafen überwacht.

Manchmal liest man in der Zeitung, dass zwei Flugzeuge zusammengestoßen und abgestürzt sind. Aber warum passiert das nicht viel öfter, vor allem wenn sie nachts fliegen?

**Steigender Flugverkehr**

In den Anfangszeiten der Fliegerei flogen die Piloten auf Sicht, denn es gab damals nur wenige und viel langsamere Flugzeuge. Seit die Flugzeuge aber immer zahlreicher und schneller geworden sind, müssen sie sich an vorgeschriebene Flugstrecken und -höhen halten. Diese werden genauestens von Computern berechnet und überwacht.

Außerdem fliegen die großen Flugzeuge heute per Autopilot, das heißt, sie werden von einem Computer gesteuert. Am Flughafen, wo der meiste Verkehr herrscht, arbeiten zusätzlich Fluglotsen. Diese teilen den Piloten über Funk mit, ob sie landen können oder noch in der Luft bleiben müssen. Unfälle gibt es nur, wenn die Geräte ausgeschaltet sind oder etwas kaputt ist.

## Wie durchbricht ein Flugzeug die Schallmauer?

Das hat fast jeder schon einmal erlebt: Erst kracht es wie bei einer Explosion und dann heißt es, ein Flugzeug habe die Schallmauer durchbrochen. Was aber passiert da genau? Wenn ein Geräusch entsteht, werden Schallwellen erzeugt, die sich nach allen Seiten ausbreiten. So ist es natürlich auch beim Motorlärm eines Flugzeugs.

**Hoher Luftwiderstand**

Die Schallwellen breiten sich mit einer Geschwindigkeit von etwa 1230 Kilometern je Stunde aus. Ist das Flugzeug langsamer, fliegt es mit den Druckwellen und man hört nur den Motorenlärm. Erreicht es die Schallgeschwindigkeit, werden die Druckwellen verdichtet, der Luftwiderstand ist extrem hoch. Das ist die Schallmauer. Fliegt ein Flugzeug schneller, durchbricht es sie. Dann bewegt sich eine Schockwelle, die man bei hoher Luftfeuchtigkeit sogar sehen kann, mit dem typischen Überschallknall nach außen.

Ein Flugzeug durchbricht die Schallmauer.

**Schon gewusst?**
**Erstmals wurde die Schallmauer am 14.10.1947 von Chuck Yeager (*1923) mit seinem Raketenflugzeug X-1 durchbrochen.**

## Warum gibt es im Flugzeug Sauerstoffmasken?

Eine Stewardess führt die Sauerstoffmaske vor.

Immer zu Beginn eines Fluges führen Stewardessen Rettungsmaßnahmen vor. Dabei zeigen sie auch die Atemmasken, die über jedem Sitz angebracht sind und die man im Notfall sofort aufsetzen soll.

**Dünne Luft**

Obwohl sich das Flugzeug in der Luft befindet, müssten wir Menschen in ihm ersticken, wenn nicht künstliche Atemluft hergestellt würde. Da ein Flugzeug bis zu zwölf Kilometer hoch fliegt, ist draußen die Luft viel dünner. Sie enthält auch weniger Sauerstoff, als wir brauchen. Deshalb wird in der Flugzeugkabine der Luftdruck künstlich erhöht und mit Sauerstoff versetzt.

**Kleiner Tipp!**

**Dass sich der Luftdruck ändert, merkt man daran, dass in den Ohren ein merkwürdiges Gefühl entsteht. Kaugummi kauen oder Bonbons lutschen hilft!**

## Wie kommt der Koffer in das Flugzeug?

Kleine Wägen bringen die Koffer zum Flugzeug.

Während die Passagiere selbst nur eine kleine Tasche mit an Bord nehmen dürfen, macht sich ihr restliches Gepäck ab dem Gepäckschalter allein auf den Weg ins Flugzeug. Obwohl die Reiseziele der Flugpassagiere ganz unterschiedlich sind, fahren die Koffer zunächst auf dem gleichen Förderband los. Zuvor werden sie allerdings mit einem Aufkleber versehen. Darauf sind alle Informationen über den Reiseweg und den Zielort aufgedruckt.

**Besondere Aufkleber**

Die Fluglinie, die Flugnummer und der Name des Reisenden stehen dort ebenso wie die Umsteige- und Umladeflugplätze. Ganz unten am Aufkleber befindet sich die Nummer des Gepäckstücks. All diese Informationen sind auch in den Strichcodes auf dem Aufkleber enthalten.

Denn die Verteilung des Gepäcks erfolgt automatisch über Förderbänder. Hier stehen nämlich keine Menschen, die alles kontrollieren. Diese Aufgabe übernehmen spezielle Lesegeräte. Diese erfassen den Strichcode und stellen dann die entsprechende „Weiche" im Straßensystem der Förderbänder, bis die Koffer am richtigen Flugzeug angekommen sind.

# Technik im Alltag

## Wie bügelt ein Bügeleisen?

Ein Bügeleisen ist ein Gerät, mit dem man Kleidungsstücke glätten kann. Es hat einen Griff und eine heizbare Platte. Über diese sogenannte Bügelsohle wird die Hitze auf den Stoff übertragen.

Bügeleisen gibt es bereits seit dem 15. Jahrhundert. Damals stellte man sie zum Erhitzen aber noch auf den Herd. Heute besitzen Bügeleisen elektrische Heizelemente. Deren Temperatur kann je nach Stoffart unterschiedlich heiß eingestellt werden.

**Einige Bügeltipps**

Um den Stoff optimal glätten zu können, sollte er möglichst noch feucht sein. Denn dann lässt er sich am besten bügeln. Entscheidend für das Ergebnis ist auch der Druck, mit dem man das Bügeleisen auf den Stoff drückt.

Ein modernes Bügeleisen

**Schon gewusst?**

**Mittlerweile hat das Bügeleisen etwas an Bedeutung verloren. Denn viele Stoffe sind komplett bügelfrei, erhalten also nach der Wäsche automatisch wieder ihre Form. Manche Trikots oder Kleider werden sogar durch das Bügeln beschädigt!**

## Wie waschen Waschmaschinen?

Der Waschvorgang in einer Waschmaschine entspricht genau der einer Handwäsche. Nur geht alles bei höheren Temperaturen und mit mehr Kraft vor sich. Für den Betrieb einer Waschmaschine benötigt man Anschlüsse für Strom, Frischwasser und Abwasser.

**Der Waschvorgang**

Im Hauptwaschgang wird die Wäsche in einer Seifenlösung aus Wasser und Waschmittel eingeweicht und immer wieder durchmengt. Danach wird sie mehrfach mit klarem Wasser gespült. Abschließend wird das Wasser großteils wieder aus der Wäsche herausgeschleudert. Dabei muss sich die Wäschetrommel extrem schnell drehen.

**Schon gewusst?**

**1767 baute der Regensburger Geistliche Jacob Christian Schäffern die erste Waschmaschine. Doch erst 1951 gab es in Deutschland den ersten Waschvollautomaten. Und auch 1973 wurde in der Hälfte der deutschen Haushalte noch immer ohne Waschmaschine gewaschen.**

Die Waschmaschine ist eine tolle Erfindung!

## Wie funktioniert ein Weichspüler?

Weichspüler werden der Wäsche im letzten Waschgang zugegeben. Damit will man die sogenannte Trockenstarre verhindern. Dieser starre Zustand der Wäsche tritt dann auf, wenn sie in unbewegter Luft, zum Beispiel auf dem Wäscheständer im Bad, trocknet. Im Trockner oder bei Wind auf der Wäscheleine ist dies kaum der Fall.

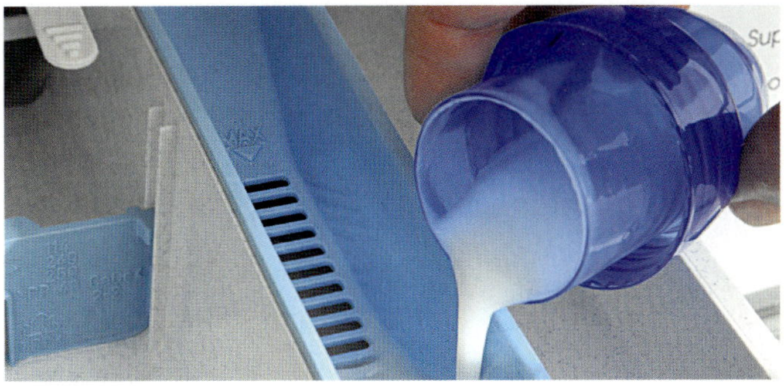

Der Weichspüler wird in ein Extrafach eingefüllt.

**Aufladung durch Reibung**

Die Ursache ist die Bildung elektrostatischer Verbindungen zwischen den Baumwollfasern. Diese elektrostatischen Ladungen entstehen, wenn die verschiedenen Wäschestücke aneinanderreiben. Dadurch laden sie sich nämlich auf. Bei Verwendung eines Weichspülers dringen dessen Tenside (siehe Seite 116 links) in die Fasern der Wäsche ein und verringern die Wechselwirkung zwischen den Fasern.

**Schon gewusst?**

**Obwohl der Weichspüler erst ganz zum Schluss zum Einsatz kommt, befindet er sich von Anfang an in einem extra dafür vorgesehenen Fach in der Waschmaschine.**

## Wie kommt die Wolle vom Schaf in den Pullover?

Schafe liefern Wolle.

Im Frühjahr, wenn die größte Kälte vorbei ist, werden die Schafe geschoren. Meistens ist ihre Wolle dann schon so verfilzt, dass sie als Vlies und nicht mehr in einzelnen Locken abgeht. Natürlich dürfen die Schafe einen Teil ihres Fells behalten. Sie bekommen nur eine sommerliche Kurzhaarfrisur.

**Nach dem Friseurtermin**

Als Nächstes sortiert man die Wolle nach Qualität. Wenn sie gewaschen, entfettet und getrocknet ist, wird sie gekämmt, sodass alle Haare in einer Richtung liegen.

Wie man aus einem Wollfaden einen Pulli strickt, lernt man im Handarbeitsunterricht. Bis zu diesem Zeitpunkt durchläuft die Wolle aber erst einige Stationen. Denn sie wächst ja nicht in dieser Form auf den Schafen.

Jetzt kann man die Wolle filzen oder zu Fäden spinnen. Dabei werden die einzelnen Fasern zu einem langen Faden verarbeitet, indem man sie gleichzeitig dreht und auseinanderzieht.

## Wie schließt ein Klettverschluss?

Klettverschlüsse sind Schnellverschlüsse, die aus zwei Textilstreifen bestehen. Zum Schließen drückt man sie zusammen und um sie zu öffnen, zieht man sie wieder auseinander.

Auf einem der beiden Streifen befinden sich unzählige kleine Widerhaken, auf dem anderen etwa 15-mal so viele kleine Schlaufen. Klettverschlüsse werden an Turn- und Kinderschuhen ebenso verwendet wie an Raumanzügen.

**Die Natur als Vorbild**
Der Klettverschluss wurde von dem Schweizer Georges de Mestral (1907–1990) erfunden. Nach einem Spaziergang mit seinem Hund fand er massenweise Kletten in dessen Fell. Er untersuchte die stacheligen kleinen Früchte und versuchte sie nachzubauen. 1951 hatte er es geschafft und meldete seine Erfindung als Patent an.

An vielen Kinderschuhen gibt es Klettverschlüsse.

**Tipp!**
**Klettverschlüsse gehen relativ schnell kaputt. Oft sind Fussel oder Schmutz der Grund dafür. Mit einem feinen Kamm lassen sich die beiden Flächen jedoch gut reinigen.**

## Warum saugt der Staubsauger?

Ein Staubsauger ist sehr praktisch.

Ein Staubsauger besteht aus dem Staubsaugergehäuse und der Saugdüse, über die der Schmutz aufgenommen wird. Dazwischen ist ein Schlauch angebracht, der die beiden Teile miteinander verbindet. Im Gehäuse selbst befinden sich viele weitere Teile: ein Elektromotor, eine Turbine und ein Ausblasfilter. Vor diesem liegt die Filterkammer mit dem auswechselbaren Filterbeutel für den Staub.

**Eine starker Sog**
Durch den Staubsaugermotor wird die Turbine in Gang gesetzt. Deren Schaufeln drehen sich so schnell, dass sie die Luft durch den Ausblasfilter aus dem Staubsauger hinausdrängen. Dabei entsteht ein Vakuum. Es entwickelt sich ein so starker Sog, dass nicht nur Luft in den Filterbeutel gesaugt wird. Auch Staub- und Schmutzteilchen, die mit der Bodendüse aufgenommen werden, gelangen durch den Schlauch in den Beutel.

## Wer macht den Kühlschrank kalt?

Wenn man Lebensmittel kühlt, sind sie länger haltbar. Denn die biologischen und chemischen Vorgänge, durch die sie ungenießbar werden, laufen so langsamer ab. Kühlschränke funktionieren nach verschiedenen Methoden. Eines ist ihnen allerdings gemeinsam: Durch Wärmetauscher wird ihnen Wärme entzogen und nach außen abgegeben. Die Kälte wird also erzeugt, indem Wärme entzogen wird.

**Ein raffiniertes System**

Haushaltskühlschränke arbeiten nach dem sogenannten Kompressorprinzip. Ein gasförmiges Kältemittel wird in einem Kompressor so zusammengedrückt, dass es sich erwärmt und verflüssigt. Anschließend fließt es durch metallene Kühlschlangen an der Rückseite des Gerätes. Dabei gibt es Wärme an die Umgebung ab und sorgt so im Kühlschrank für Kälte.

Bei diesem Vorgang kondensiert das Kühlmittel. Durch eine Drossel, in der der Druck gesenkt wird, wird es wieder zurück in den Kühlschrank geleitet. Kältemittel können sehr leicht zum Sieden gebracht werden.

Schon die Wärme der Lebensmittel reicht aus, damit sie in ihren Röhren verdampfen. In dieser Form können sie die Wärme aufnehmen und wieder zum Kompressor bringen.

Im Kühlschrank bleiben Lebensmittel länger haltbar.

## Wie funktioniert ein Herd?

Während Öfen früher mit Holz oder Kohle beheizt wurden, gibt es heute vorwiegend Gas- oder Elektroherde. Ein Gasherd funktioniert letztendlich wie die früheren Herde. Denn auch hier wird das Essen über einer Flamme gekocht. Jedoch kann diese wesentlich besser geregelt werden.

**Vorsicht: heiß!**

Ein Elektroherd wird hingegen mit Strom betrieben. In den Herdplatten befinden sich Heizdrähte, die erhitzt werden und die Wärme an die Kochplatte weiterleiten. Um die Temperatur regeln zu können, sind in den Herdplatten mehrere elektrische Widerstände eingebaut. Dadurch kann die Stromzufuhr verringert werden. Diese Widerstände werden durch den Temperaturregler an- oder abgeschaltet.

Ein Gasherd

In einem Herd befindet sich normalerweise auch ein Backofen. Er wird ebenfalls mit Heizdrähten betrieben, die an der Ober- und Unterseite der Backröhre angebracht sind. Sobald die gewünschte Temperatur erreicht ist, wird die Stromzufuhr mithilfe eines Thermostats gestoppt.

**Schon gewusst?**

**Seit einigen Jahren gibt es neben Gas- und Elektroherden einen dritten Herdtyp: den Induktionsherd. Bei ihm erwärmen sich Kochtöpfe schneller und man braucht beim Kochen weniger Energie. Außerdem werden die Kochplatten nicht mehr so heiß.**

## Wie funktioniert eine Dunstabzugshaube?

Dunstabzugshauben gehören mittlerweile zu einer modernen Küche fast ebenso dazu wie eine Geschirrspülmaschine oder ein Tiefkühlgerät. Sie werden über dem Herd befestigt und saugen den Dunst aus Luft, Wasser und Fett ab, der beim Kochen aus Töpfen und Pfannen aufsteigt.

Eine moderne Dunstabzugshaube

**Ab nach draußen!**

Eine Dunstabzugshaube besteht aus einem metallenen Gehäuse, in dem sich ein Fettfilter und ein Motor befinden. Dieser treibt einen Ventilator an. Die abgesaugte Luft wird entweder über einen Lüftungsschacht ins Freie geleitet oder aber wieder an den Raum abgegeben.

Bei Letzteren, den sogenannten Umluft-Dunstabzugshauben, ist außer dem Fettfilter meistens noch ein Aktivkohlefilter eingebaut, der den Geruch aufnimmt. Das Vlies des Fettfilters muss regelmäßig ausgetauscht werden, damit der Abzug weiterhin funktioniert. Außerdem kann sich das Fett, das sich dort ablagert, entzünden.

## Wie funktioniert die Mikrowelle?

In einer Mikrowelle wird das Essen sehr schnell warm.

Im Gegensatz zu einem Backofen spürt man bei einer Mikrowelle keine Wärme, wenn man die Klappe öffnet. Dennoch schafft sie es, in kürzester Zeit Essen aufzuwärmen oder sogar tiefgefrorene Speisen aufzutauen.

Bei einem Mikrowellenherd wird die Energie eines Magnetfelds in Wärmeenergie umgewandelt. Die Energie der Mikrowellen bringt die Teilchen des Wassers, das im Essen enthalten ist, zum Schwingen. Dadurch werden sie wärmer. Je größer der Wasseranteil ist, desto schneller erwärmt sich das gesamte Essen.

**Vorsicht!**

**Nicht jedes Geschirr ist mikrowellentauglich. Am besten eignen sich Glasschüsseln. Plastik kann schmelzen, älteres Porzellan und Keramikgeschirr zerspringen. Auf keinen Fall dürfen Teller oder Gläser mit Goldrand verwendet werden. Denn Gold oder Silber lösen sich durch die elektromagnetischen Wellen ab und es fliegen Funken.**

## Woher weiß der Toast, wann er fertig ist?

Toast, egal ob Buttertoast, Vollkorntoast oder Sandwichtoast, muss vor dem Frühstück erst einmal getoastet werden. Mithilfe von Heizdrähten, die sich neben beiden Seiten der Toastscheiben befinden, wird er im Toaster wie in einem kleinen Backofen in kürzester Zeit fertig gebacken.

**Wie von Zauberhand**
Bei den früheren Toastern musste man selbst darauf achten, dass der Toast nicht verbrannte. Der erste vollautomatische Toaster wurde 1919 von Charles Strite erfunden.

Natürlich weiß auch dieser Toaster nicht, wann der Toast fertig ist. Er verfügt jedoch über einen Auswurfmechanismus und eine Zeitschaltuhr, die man je nach gewünschtem Bräunungsgrad einstellen kann.

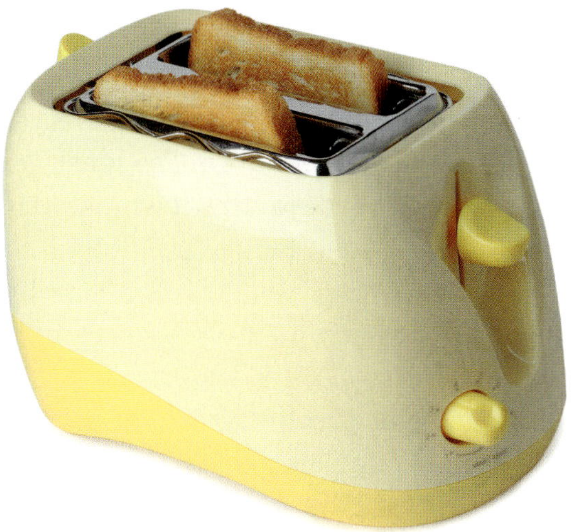

Der Toast ist fertig!

**Tipp!**
**Die Zeit, die der Toast braucht, um den gewünschten Bräunungsgrad zu erreichen, wird immer kürzer, wenn man mehrere Portionen Toast hintereinander macht. Deshalb sollte man den Regler am Toaster ein wenig zurückdrehen.**

## Wieso brennt in einer Teflon®-Pfanne nichts an?

Eine beschichtete Pfanne

Als Teflon®-Pfannen werden gemeinhin alle Pfannen bezeichnet, die mit einer Antihaftschicht überzogen sind. Tatsächlich ist Teflon® aber der Markenname des Kunststoffs Polytetrafluorethylen (PTFE), der bei einer bestimmten Temperatur verformbar ist.

Damit das Teflon® in der Pfanne haftet, wird ihre Metalloberfläche auf spezielle Weise behandelt, sodass sie rau und uneben wird. Darauf bringt man dann die Teflon®-Schicht an, die durch mechanische Kräfte (wie mit winzigen Widerhaken) an ihr haftet.

**Ein starkes Team**
Seine Antihaftwirkung besitzt das Teflon® wegen der Struktur seiner Moleküle. Seine einzelnen Teilchen sind überaus stark miteinander verbunden. Daher gibt es für das Teflon® gewissermaßen keinen Grund mehr, sich noch mit weiteren Stoffen wie zum Beispiel dem Fleisch in der Pfanne zu verbinden.

## Warum schneiden Messer?

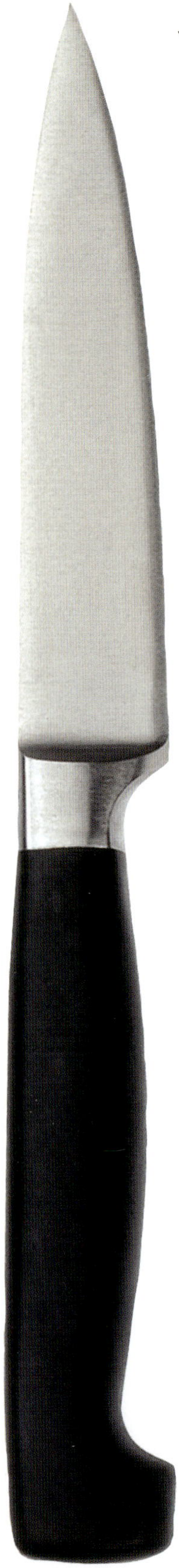

Jede Materie besteht aus winzigen Teilchen, den sogenannten Molekülen. Diese ziehen sich durch die elektrische Ladung, die in ihnen vorhanden ist, gegenseitig an.

Die Anziehungskraft kann aber unter Umständen durchbrochen werden, je nachdem, wie stark sie ist, und wie stark die Kraft ist, die sie trennen will.

**Die Sägezähne**

Beim Schneiden wird die Struktur eines Stoffes geteilt, indem man ihn mit Druck durchtrennt. Je schärfer ein Messer ist, desto kleiner ist die Fläche, mit der es auf einem Gegenstand (zum Beispiel Brot) aufliegt. Dadurch wird der Druck, den die Messerklinge auf die Oberfläche dieses Gegenstandes ausübt, erhöht.

Ist die Molekularstruktur eines Stoffes zu fest, um sie durch bloßen Druck zu zertrennen, benützt man Messer mit Sägezähnen wie beispielsweise das Brotmesser.

Die Sägezähne entfernen zunächst nur einzelne Teile aus der jeweils obersten Schicht. Erst allmählich durchtrennen sie dann das Brot in mehrere Teile.

Vorsicht: Messer können sehr scharf sein!

## Wie funktioniert eine Waage?

Eine Personenwaage

Die einfachste Form einer Waage ist eine Waage, bei der man jeweils das gleiche Gewicht in zwei Waagschalen legt und sie so ins Gleichgewicht bringt. Diese Methode ist jedoch sehr aufwendig, vor allem wenn man größere Gewichte wie zum Beispiel das Körpergewicht eines Menschen ermitteln will.

**Des Rätsels Lösung**

Deshalb erfand man eine andere Waage. Bei ihr wird das Gewicht durch den Druck bestimmt. In der Waage befindet sich zu diesem Zweck eine Wägezelle. Das ist ein kleines Metallstück, an dem mehrere hauchdünne Drähte befestigt sind.

Wenn man etwas auf die Waage legt oder selbst auf sie steigt, wird das Metallstück hinuntergedrückt. Dabei ziehen sich die Dehnungsmessstreifen, also die dünnen Drähte, auseinander. Diese Dehnung überträgt sich entweder bei einer mechanischen Waage auf die Gewichtsskala oder bei einer elektronischen Waage auf einen Mikrochip, durch den sie gemessen und angezeigt wird.

## Wie funktioniert eine Thermoskanne®?

Eine Thermoskanne® ist eine äußerst praktische Sache. Im Winter hält sie die Getränke warm und im Sommer kalt. Und das sogar über mehrere Stunden!

Eine Thermoskanne® ist ein Isoliergefäß, das heißt, sie verhindert den Kontakt der Flüssigkeit, die sich in ihr befindet, mit der Umgebung. Denn alle Stoffe, die miteinander in Berührung kommen, gleichen ihre Temperatur mehr oder weniger schnell aus.

Eine Thermoskanne® aus Edelstahl

**Glas und Edelstahl**

Thermoskannen® sind daher aus einem Material gemacht, das nur sehr schlecht Temperaturen leitet. Am häufigsten findet man Isolierkannen, deren Inneres aus einem doppelwandigen Glasbehälter besteht.

Zwischen den beiden Glasschichten befindet sich keine Luft, sondern ein Vakuum (ein luftleerer Raum). Da die Glasbehälter sehr empfindlich sind, werden zunehmend auch Thermoskannen® aus doppelwandigem Edelstahl hergestellt.

## Wie funktioniert ein Rauchmelder?

Es gibt verschiedene Sorten von automatischen Brandmeldern. Diese können Feuer und Rauch anhand unterschiedlicher Merkmale erkennen und dann bei der Feuerwehr einen Feueralarm auslösen. Einer von ihnen ist der Rauchmelder.

**Alarm!**

Am häufigsten werden optische Rauchmelder gebaut. Sie funktionieren nach dem sogenannten Streulichtverfahren. Wenn die Luft sauber und durchsichtig ist, wirft sie kein Licht zurück. Wenn sich aber Rauchpartikel in der Luft befinden, wird ein Infrarotstrahl an ihnen gebrochen. Diesen Infrarotstrahl, der aus unsichtbaren Wärmestrahlen besteht, sendet der Rauchmelder aus. Ein Teil des Infrarotlichtes trifft dann auf einen lichtempfindlichen Sensor, der den Alarm auslöst.

Sogenannte Rauchwarnmelder funktionieren ähnlich wie Rauchmelder. Allerdings sind sie nicht mit der Feuerwehr verbunden, sondern geben nur ein lautes Signal von sich. Damit sollen diejenigen Leute gewarnt werden, die sich vor Ort befinden und vielleicht gerade schlafen.

Ein Rauchmelder an einer Zimmerdecke

## Warum rollt eine Kugel?

Eine Kugel ist ein Körper mit ganz besonderen Eigenschaften: Alle Punkte der Oberfläche befinden sich genau gleich weit entfernt vom Mittelpunkt. Sie ist in all ihren Teilen absolut gleichmäßig. Deshalb liegt auch ihr Schwerpunkt genau in ihrer Mitte.

**Die Kugel „kippt"**

Wird eine Kugel angestoßen, bewegt sie sich aufgrund dieser Krafteinwirkung vorwärts. Eine Kugel liegt aber nur mit einem winzigen Punkt auf dem Untergrund auf. Das bedeutet, dass sich der Punkt, auf den die Schubkraft zuerst wirkt, hinter und über dem Auflagepunkt befindet. Er setzt sich früher in Bewegung.

Dadurch befindet sich der größere Teil der Kugel plötzlich vor dem Auflagepunkt, ihr Schwerpunkt verschiebt sich, sie „kippt" nach vorn und fängt an zu rollen. Diese Rollbewegung kann nur durch die Reibung der Kugel auf dem Untergrund oder ein Hindernis abgebremst und schließlich gestoppt werden.

Zwei Kugeln

## Wie entsteht Rost?

Bei allen möglichen Gelegenheiten in unserem Alltag treffen wir auf Gegenstände, die verrostet oder zumindest angerostet sind. Rostige Stellen befinden sich beispielsweise am Fahrrad oder an Autos. Und auch fast jeder Nagel, der sich im Freien befindet, zeigt Rostspuren.

Ein verrostetes Auto

**Eine chemische Reaktion**

Wenn Eisen oder Stahl mit Wasser und Sauerstoff in Berührung kommen, fangen sie zu rosten an. Es handelt sich dabei um eine chemische Reaktion, bei der Wärme freigesetzt wird. Mann nennt eine solche Reaktion auch Oxidation. Das Eisen wird in Eisenhydroxid und Energie umgewandelt.

Einige Zeit später wird aus dem Eisenhydroxid Eisenoxid. Dabei handelt es sich um nichts anderes als um gewöhnlichen Rost. Wenn der Vorgang nicht aufgehalten wird, kann sich der Rost sogar durch dicke Eisenschichten fressen und große Schäden an Fahrzeugen oder an anderen Gegenständen verursachen.

# Rost entstehen lassen und entfernen

Rost lässt sich auch künstlich herstellen. Dadurch kannst du beobachten, wie er entsteht, aber auch, wie man ihn wieder loswird. Dieses Experiment erfordert allerdings ein wenig Zeit.

Rostige Nägel

**Dazu benötigst du:**

**Gegenstände aus Eisen oder Stahl (Nägel, Reißnägel, Kronkorken)**
**kleine Schüsseln oder Becher**
**Wasser**
**Cola**
**Essig**
**Zitronensaft**

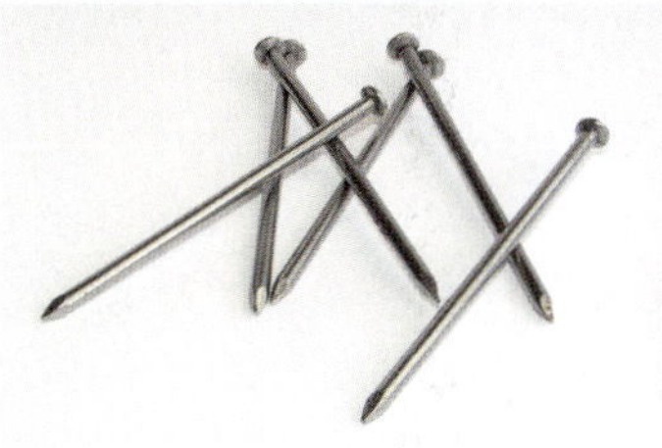

## Und so gehts:

Zuerst verteilst du die Nägel und die anderen Gegenstände auf die Schüsselchen und gibst ein wenig Wasser dazu. Dann heißt es erst einmal warten. Bis man den ersten Rost sieht, kann es schon ein paar Tage dauern. Sollte sich gar kein Rost bilden, hast du offensichtlich lauter rostfreie Gegenstände erwischt.

Da Rost anders beschaffen ist als Eisen, hat er ein größeres Volumen. Deshalb scheinen die Gegenstände zu wachsen.

## Rost entfernen

Wenn sich überall Rost gebildet hat, kannst du testen, wie man ihn wieder abbekommt: Rost lässt sich durch Schrubben entfernen. Daneben gibt es aber auch chemische Vorgänge, die dem Rost zu Leibe rücken.

Gieße dazu jeweils Cola, Essig und Zitronensaft in ein Schüsselchen und gib die rostigen Gegenstände hinein. Alle drei Flüssigkeiten sind Säuren, die den Rost lösen. Da sie aber unterschiedlich zusammengesetzt sind, dauert es auch unterschiedlich lange, bis sich der Rost in ihnen auflöst. Am schnellsten geht es mit Essig. In Zitronensäure und Phosphorsäure/Cola dauert es etwas länger.

**Achtung!**

**Mit Säure kann man zwar den Rost lösen. Allerdings greift diese nicht nur den Rost an, sondern danach auch das Metall. Deshalb sollte man einen Gegenstand, den man von Rost gereinigt hat (zum Beispiel das Fahrrad nach der Winterpause), gut mit Wasser abspülen. Aber nicht das Abtrocknen vergessen, sonst war die Mühe vergebens!**

## Wie sprüht eine Dose?

Der Sprühkopf einer Spraydose

Sprühdosen bestehen immer aus Metall (Weißblech oder Aluminium), denn sie stehen unter Druck. Ihr Boden ist nach innen gewölbt. Bei zu großem Druck kann er sich nach außen wölben und schützt so die Dose vor dem Explodieren.

**Schon gewusst?**
**Bis etwa 1990 wurden Sprühdosen hauptsächlich mit dem Treibmittel Fluorchlorkohlenwasserstoff betrieben, bis bekannt wurde, dass dadurch die Ozonschicht geschädigt wird. Seit 2000 ist FCKW gesetzlich verboten.**

**Ab nach draußen!**
In der Dose befinden sich das flüssige Produkt (Farbe, Sahne, Deo und so weiter) sowie das Treibmittel. Dieses steht unter Druck und sorgt dafür, dass die Teilchen in der Dose zerstäubt werden. Es befindet sich als Gas über der Flüssigkeit und teilweise vermischt in ihr. Drückt man auf den Sprühkopf, presst das Treibgas die Flüssigkeit, zum Beispiel die Sahne, über ein Röhrchen und ein Ventil nach außen. Dort verdampft das Gas und die Flüssigkeit selbst verteilt sich gleichmäßig als Nebel oder Schaum.

## Wie funktioniert ein Magnet?

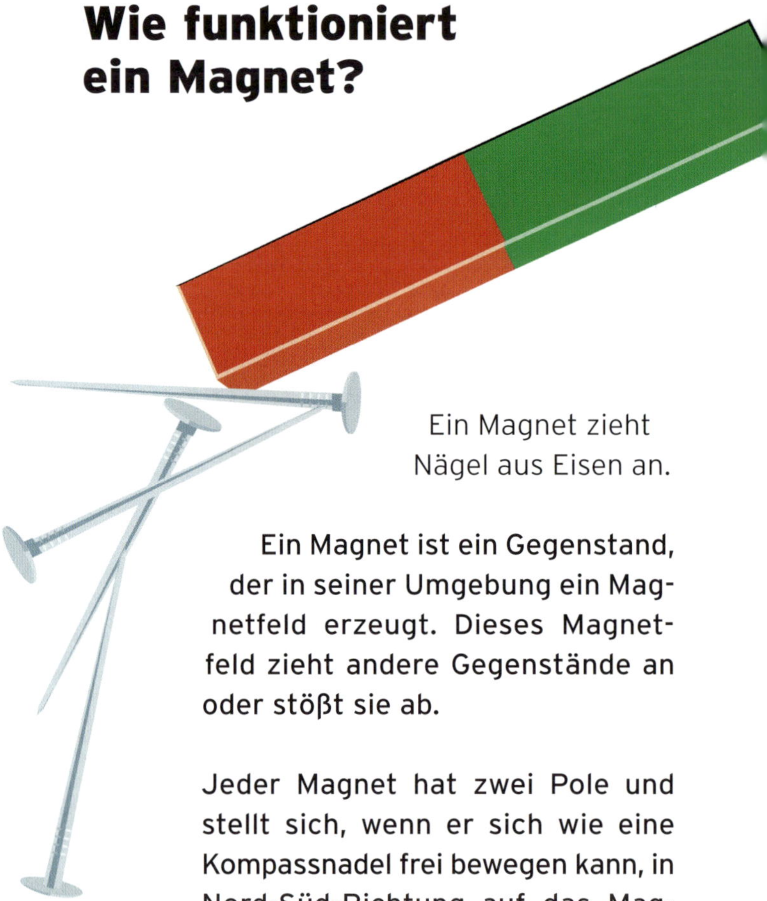

Ein Magnet zieht Nägel aus Eisen an.

Ein Magnet ist ein Gegenstand, der in seiner Umgebung ein Magnetfeld erzeugt. Dieses Magnetfeld zieht andere Gegenstände an oder stößt sie ab.

Jeder Magnet hat zwei Pole und stellt sich, wenn er sich wie eine Kompassnadel frei bewegen kann, in Nord-Süd-Richtung auf das Magnetfeld der Erde ein.

**Die Elementarteilchen**
Magnetismus entsteht, wenn sich die elektrischen Ladungen in den Teilchen bestimmter Stoffe bewegen. Allerdings können nur wenige Stoffe zu Magneten werden, beispielsweise Eisen, Cobalt und Nickel. Heutzutage magnetisiert man einen solchen Stoff in einer stromdurchflossenen Spule. Das ist dann ein Elektromagnet.

**Schon gewusst?**
**Gleichnamige Pole stoßen sich ab, gegensätzliche ziehen sich an. Deshalb kann man die Wagen einer Holzeisenbahn nicht beliebig aneinanderhängen, sondern muss alle Waggons in eine einheitliche Nord-Süd-Richtung bringen.**

## Wie macht der Föhn die Haare trocken?

Mit einem Föhn kannst du deine Haare trocknen.

Ein Föhn ist ein elektrisches Gerät zum Haaretrocknen. Durch einen kleinen Elektromotor wird ein Gebläse in Gang gesetzt. Gleichzeitig werden die Heizdrähte des Föhns, die um mehrere sogenannte Glimmerplatten gewickelt sind, aufgeheizt. Auf diese Weise erwärmt sich die Föhnluft, bevor sie herausgeblasen wird.

**Wasser in den Haaren**

Durch den warmen Luftstrom werden die Haare getrocknet, da das Wasser in den Haaren schneller verdampft. Dies bewirkt einerseits die erhöhte Temperatur, andererseits aber auch die größere Menge an trockener Luft, die mit dem nassen Haar in Berührung kommt und ihm die Feuchtigkeit entzieht. Allerdings sollte man darauf achten, dass die Föhnluft nicht zu heiß ist, da Hitze die Haare schädigt.

**Schon gewusst?**

**Das Wort Föhn leitet sich vom Föhnwind ab, einem warmen, trockenen Fallwind, der unter anderem an der Nordseite der Alpen auftritt.**

## Wie funktioniert die Toilettenspülung?

Die Toilette gehört zu den wichtigsten Erfindungen. Man stelle sich nur einmal vor, was in einer Großstadt los wäre, wenn es sie nicht gäbe!

Sie besteht aus einer Spülung mit Nachfüllsystem und aus einer Schüssel mit einem Abflussrohr, das zur Kanalisation führt. Das Abflussrohr verläuft aber nicht direkt nach unten, sondern nach hinten in die Wand. Es macht sogar zuerst einen kleinen Bogen nach oben, weshalb immer ein wenig Wasser in der Schüssel steht.

**Ein Sog im Abflussrohr**

Gießt man nur wenig Wasser dazu, bleibt der Wasserstand gleich und das überschüssige Wasser läuft ab, damit die Toilette nicht überläuft. Betätigt man die Spülung, füllt sich das Abflussrohr vollständig an. Es entsteht ein Sog, der den gesamten Inhalt der Toilettenschüssel mit sich reißt.

Eine Toilette mit Spülkasten

Dafür wird immer eine größere Menge Wasser im Spülkasten bereitgehalten. Dieses ergießt sich beim Spülvorgang komplett in die Toilettenschüssel und füllt sie nachher auch automatisch wieder an.

## Wie funktioniert Seife?

Es gibt Stoffe wie Zucker oder Erde, die sich ganz leicht mit Wasser abwaschen lassen, sie sind also wasserlöslich. Das Fett in der Pfanne oder das Fahrradschmieröl ist dagegen nicht ohne Spülmittel oder Seife abzubekommen.

Zwei verschiedene Seifen

Die wasserlöslichen Stoffe ähneln in ihrer Struktur dem Wasser. Sie sind sogenannte polare Strukturen. Das bedeutet, ihre Teilchen, so unterschiedlich sie im Grunde auch sind, wirken wie kleine Magneten und ziehen sich gegenseitig an. Die Wasserteilchen nehmen also die Teilchen der wasserlöslichen Stoffe einfach mit. Fette sind dagegen nicht wasserlöslich, denn sie sind unpolare Strukturen.

**Unvereinbare Wasser- und Fettteilchen**
Zusätzlich dazu gibt es nun aber auch Stoffe, die sowohl aus einem wasserlöslichen als auch aus einem fettlöslichen Teil bestehen, nämlich die sogenannten Tenside. Zu ihnen gehört unter anderem die Seife.

Diese Tenside setzen die Oberflächenspannung des Wassers herab und binden die Wasser- und Fettteilchen, die normalerweise nicht vereint werden können, aneinander.

## Warum sind Duschvorhänge so anhänglich?

Wer zu Hause eine Dusche mit Duschvorhang hat, kennt das: Kaum dreht man das Wasser an, schon weht der Duschvorhang herbei und hängt an den Beinen.

Besonders wenn man warm duscht, zieht es den Duschvorhang nach innen. Denn durch das warme Wasser erhöht sich die Lufttemperatur, die warme Luft steigt nach oben und der Luftdruck im unteren Teil des Duschraums sinkt.

**Die Anziehungskraft des Wassers**
Durch den Strömungsdruck des Wassers wird ein Unterdruck erzeugt. Von außen strömt neue Luft nach und nimmt den Duschvorhang sozusagen mit, er wird also nach innen gezogen. Treffen nun die beiden nassen Oberflächen von Duschvorhang und Körper aufeinander, ziehen sie sich durch die Anziehungskraft des Wassers gegenseitig an.

Eine Badewanne mit Duschvorhang

**Tipp!**
**Die Annäherungsversuche des Duschvorhangs kann man leicht verhindern: Wenn man den Badewannenrand vor dem Duschen nass macht und den Vorhang dagegendrückt, bleibt er auch später dort haften.**

## Wieso spiegeln wir uns im Spiegel?

Spiegel gibt es schon seit mehreren Tausend Jahren. Anfangs bestanden sie aus polierten Metallscheiben, später aus beschichteten Glaskugeln.

Heute wird bei der Produktion eines Spiegels in einem luftleeren Raum Aluminium auf eine glatte Glasoberfläche gedampft. Ein Spiegel hat eine so glatte Oberfläche, dass die Lichtwellen, die auf ihn treffen, im gleichen Abstand nebeneinander bleiben und ein Abbild erzeugen.

**Spieglein, Spieglein ...**

Alle Lichtstrahlen, die auf den Spiegel treffen, werden von ihm im gleichen Winkel wieder zurückgeworfen, allerdings in anderer Richtung. So, wie beim Billardspielen die Kugel von der Bande im gleichen Winkel, aber eben nach der anderen Seite hin abprallt. Deshalb können wir, wenn wir nur nahe genug an einen Spiegel herangehen, auch das Spiegelbild von Dingen sehen, die sich seitlich von einem Spiegel befinden.

## Wie kommt das Wasser in den Wasserhahn?

Wasser aus dem Wasserhahn

Nachdem das Wasser im Wasserwerk für den menschlichen Gebrauch aufbereitet wurde, muss es an alle Haushalte und Verbraucher verteilt werden. Bevor es in ein Ortsnetz eingespeist wird, wird es zwischengelagert. So kann der Wasserverbrauch in den Zeiten des stärksten Verbrauchs (morgens vor der Arbeit und vor der Schule), ausgeglichen werden. Außerdem verhindert die Zwischenlagerung den Wassermangel bei Stromausfall, falls die elektrischen Pumpen versagen und das Wasser nicht mehr in die oberen Stockwerke hinaufpumpen können.

**Große Wassertürme**

Zu diesem Zweck sind teilweise noch Wassertürme in Betrieb, die im 19. und 20. Jahrhundert erbaut wurden. Durch ihren hohen Standort bauen sie genug Druck für die Wasserverteilung ins Ortsnetz auf.

Dennoch gibt es Hochhäuser, in denen es das Wasser ohne zusätzliche Hilfsmittel nicht bis zum Wasserhahn hinaufschafft. Dort werden zusätzliche Pumpen eingebaut.

## Wie schützt Sonnencreme vor der Sonne?

Sonnencreme schützt vor Sonnenbrand.

Sonnenmilch und Sonnencreme sind Sonnenschutzmittel, die auf die Haut aufgetragen werden. Sie sollen verhindern, dass die gefährlichen UV-Strahlen in die Haut eindringen. Ähnlich wie ein Schwamm saugen die Cremes die gefährlichen Strahlen der Sonne auf und lassen sie nicht so schnell unter die Haut.

**Der Lichtschutzfaktor**

Wie gut ihre Wirkung ist, hängt vom Lichtschutzfaktor der jeweiligen Sonnencreme ab. Der Lichtschutzfaktor ist auf jedem Sonnenschutzmittel angegeben. Er gibt an, um wie viel länger (im Vergleich zur Eigenschutzzeit des Körpers) man in der Sonne bleiben kann, ohne einen Sonnenbrand zu bekommen. Vorausgesetzt, man hat sich wirklich ausgiebig und rechtzeitig eingecremt.

**Vorsicht!**

**Auch mit Sonnenmilch sollte man sich nicht zu lange in der prallen Sonne aufhalten. Eine Kopfbedeckung gehört unbedingt zum Sonnenschutz dazu, ebenso eine Sonnenbrille und leichte Kleidung (siehe Seite 9 oben).**

## Warum ist die Creme cremig?

Die Haut ist das größte Organ des Menschen und hat eine durchschnittliche Oberfläche von 1,7 Quadratmetern. Da sie den Körper vor Umwelteinflüssen schützt, wird sie entsprechend stark belastet und kann austrocknen oder faltig werden. Um sie zu schützen, benutzen wir Cremes. Je nötiger die Haut Wasser oder Fett braucht, desto schneller saugt sie die Creme auf.

**Wasser und Fett**

Hautcremes bestehen aus wässrigen und fetthaltigen Teilen, die miteinander vermischt sind. Manche Cremes lassen sich abwaschen. Bei ihnen sind die öligen Anteile im wässrigen Grundmaterial fein verteilt. Bei nicht abwaschbaren Cremes überwiegt der fettige Anteil. Wenn der Wasseranteil sehr niedrig ist, verliert die Creme ihre cremige Beschaffenheit und wird salbenartig.

Cremes enthalten Wasser und Fett.

## Wie kommen die Streifen in die Zahnpasta?

Streifen in der Zahnpasta

Da es viele verschiedene Zahnpasta-Hersteller gibt, gibt es auch mehrere Möglichkeiten, um die bunten Streifen in die weiße Zahnpasta zu bringen.

**Zwei unterschiedliche Methoden**
Bei dem einen Verfahren wird die Zahncreme bereits mit den Streifen in die Tube gefüllt. Das geschieht mithilfe einer speziellen Düse, die je nach der Anzahl der Streifen mit entsprechend vielen Löchern versehen ist. Wenn man diese Zahncreme aus der Tube drückt, sieht man, dass die Streifen an ihren Rändern etwas ineinanderfließen. Bei dem anderen Verfahren ist die Zahncreme in der Tube noch nach Farben getrennt. Erst beim Herausdrücken zieht die weiße Masse die farbige Masse mit sich.

**Schon gewusst?**
**Außer dass sie hübsch aussehen, haben die Streifen keinerlei Bedeutung. Denn ihre Zusammensetzung ist auch nicht anders als die weiße Masse.**

## Wer macht den Schaum in der Badewanne?

Der Schaum in der Badewanne entsteht durch bestimmte Stoffe, die Badezusätzen noch hinzugefügt werden. Diese speziellen Mittel sind grenzflächenaktiv, das heißt, sie setzen die Oberflächenspannung herab. Dadurch können sich das Wasser und die Seife besser miteinander vermischen.

**Seifenblasenartige Gebilde**
Allerdings kann sich der Schaum erst dann so richtig entfalten, wenn das Wasser ordentlich bewegt wird. Deshalb gießt man das Schaumbad möglichst mit dem Wasserstrahl in die Wanne.

Wie bei den Seifenblasen (siehe Seite 150 unten) wird hier also die Luft in das Badewasser hineingewirbelt. So entstehen seifenblasenartige Gebilde, die auf der Wasseroberfläche liegen bleiben.

Ein ausgiebiges Schaumbad

## Woher weiß die Uhr, wie spät es ist?

Eine Bahnhofsuhr

Tatsächlich gibt es Uhren, die „wissen", wie spät es gerade ist. Dabei handelt es sich um Funkuhren, die von einem Sender regelmäßig Zeitsignale empfangen.

Eine Funkuhr stellt sich zu Beginn von Sommer- und Winterzeit automatisch um und bemerkt außerdem, wenn sie beispielsweise im Urlaub in eine neue Zeitzone gebracht wird. Bei anderen Uhren muss die richtige Uhrzeit zunächst von Hand eingestellt werden. Sie zeigt dann von diesem Zeitpunkt an die Uhrzeit richtig an, bis ihre Batterie leer ist oder eine unplanmäßige Zeitverschiebung vorgenommen wird.

**Schon gewusst?**
**Die Übertragung von digitalen Codes für die Uhrzeit wurde 1967 von Wolfgang Hilberg erfunden. Die dazu passenden Funkuhren entwickelte er aber erst fünf Jahre später.**

## Woher weiß der Wecker, wann er uns wecken soll?

Da es unterschiedliche Arten von Weckern gibt, haben sie auch eine unterschiedliche Weckfunktion. Der grundlegende Unterschied besteht dabei zwischen analogen Weckern mit Zifferblatt und Zeiger und Weckern mit einer digitalen Zeitanzeige.

Analoge Wecker mit Zifferblatt können normalerweise nur für die nächsten zwölf Stunden eingestellt werden. Sie besitzen nämlich nur eine Zwölf-Stunden-Anzeige. Bei ihnen wird die Weckzeit durch einen dritten Zeiger eingestellt. Dieser funktioniert wie ein Stundenzeiger.

### Es klingelt

Stehen Stundenzeiger und Weckzeiger direkt übereinander, wird das Wecksignal ausgelöst – vorausgesetzt die Weckfunktion ist angeschaltet. Ein digitaler Wecker verfügt über ein elektronisches Uhrwerk. Die Weckzeit wird durch die genaue Eingabe von Stunden und Minuten einprogrammiert. Er kann also auf die Minute genau wecken. Sobald die tatsächliche Zeit und die Weckzeit übereinstimmen, beginnt der Wecker zu läuten.

Ein etwas älteres Modell

## Warum leuchten die Sterne an der Kinderzimmerdecke?

Ein schöner Schmuck für die Kinderzimmerdecke sind Leuchtsterne. Sie beginnen zu leuchten, sobald man das Licht ausgeknipst hat.

Dabei werden dem Kunststoff, aus dem die Sterne hergestellt werden, bestimmte fluoreszierende Farbstoffe zugesetzt. Diese sind zusammen mit dem Kunststoff für die Gesundheit aber völlig unbedenklich.

**Ein besonderer Leuchtstoff**

Unter Fluoreszenz versteht man die Abgabe von Licht, nachdem vorher Licht aufgenommen wurde. Indem der fluoreszierende Stoff Licht aufnimmt, gerät er in einen angeregten Zustand – er gibt das Licht wieder ab. Auch einige Zeit danach bleibt er noch in diesem Zustand. Nach und nach kehrt er jedoch wieder in seinen ursprünglichen Zustand zurück und das Licht verblasst.

Leuchtsterne im Kinderzimmer

## Wie funktioniert ein Thermometer?

Bestimmt hast auch du schon einmal ein Thermometer gesehen, das die Temperatur mithilfe einer Flüssigkeit angezeigt hat. Bis vor einigen Jahren waren diese Thermometer die gebräuchlichste Form, die es zu kaufen gab.

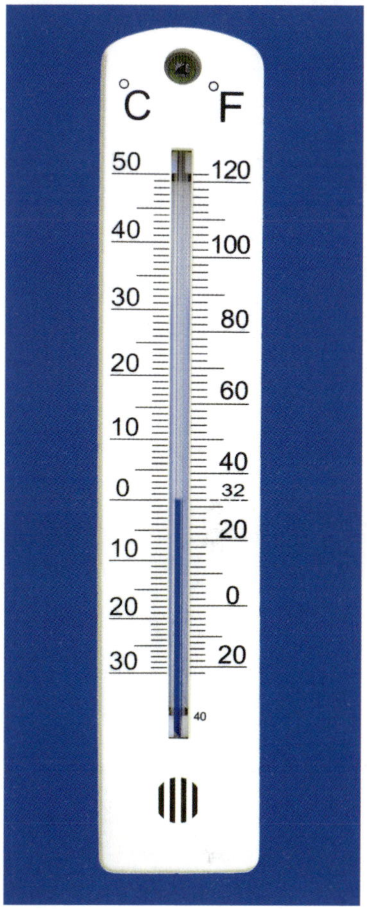


Dieses Thermometer zeigt null Grad Celsius an.

Das Prinzip eines Flüssigkeitsthermometers beruht auf der einfachen Tatsache, dass sich Flüssigkeiten bei Wärme ausdehnen, bei Kälte hingegen zusammenziehen. Wenn sich Wasser oder Alkohol im Thermometer befinden, kann man jedoch kaum irgendwelche Temperaturunterschiede feststellen. Denn diese Flüssigkeiten ziehen sich nicht besonders stark zusammen. Außerdem darf die Flüssigkeit des Thermometers nicht zu schnell gefrieren oder verdampfen.

**Quecksilber in Thermometern**

Deshalb wird in Thermometern gerne Quecksilber verwendet, das zwischen minus 38,9 und plus 356 Grad Celsius flüssig ist. Durch Versuche fand man heraus, um wie viel sich Quecksilber bei einer Veränderung von einem Grad ausdehnt. Mit diesen Ergebnissen war es dann möglich, eine Einteilung zu erstellen, von der man die genaue Temperatur ablesen kann.

## Was passiert bei einem Wackelkontakt?

Ein Wackelkontakt kann durch angeknabberte Kabel entstehen.

Als Wackelkontakt bezeichnet man eine Stelle im Stromkreis, an der der Stromfluss immer wieder unbeabsichtigt unterbrochen ist. Auf diese Weise wird die Funktion des angeschlossenen Gerätes beeinträchtigt.

**Bitte schütteln!**

So eine schadhafte Stelle kann ein Produktionsfehler sein oder aber nachträglich durch Verschleiß oder andere Beeinträchtigungen (zum Beispiel angeknabberte Kabel) entstehen. Meistens können Geräte mit einem kleinen Wackelkontakt auch weiter betrieben werden. Die Stromverbindung lässt sich beispielsweise leicht wiederherstellen, wenn man das Gerät etwas schüttelt.

## Wie funktioniert eine Batterie?

Wenn du ein elektrisches Gerät auch ohne Stromnetz betreiben willst, benötigst du einen Energiespeicher. Eine Batterie ist nichts anderes als so ein Energiespeicher. In jeder Batterie gibt es einen Minuspol (die Anode) und einen Pluspol (die Kathode). Dazwischen befindet sich eine Strom leitende Flüssigkeit, die sogenannte Elektrolytlösung.

Batterien haben einen Plus- und einen Minuspol.

**Achtung!**

**Leere Batterien gehören nicht in den Restmüll, sondern in den Sondermüll. Am besten sammelst du die leeren Batterien zu Hause in einem kleinen Plastikbecher. Sobald sich mehrere leere Batterien angesammelt haben, bringst du sie zu einem speziellen Sammelbehälter. Einen solchen gibt es oft im Supermarkt neben der Kasse.**

**Der Stromkreis**

Wenn du nun ein elektrisches Gerät an die Batterie anschließt, zum Beispiel eine Glühbirne, werden elektrische Ladungen zwischen den beiden Polen ausgetauscht. Dabei schließt sich der Stromkreis, Strom kann ungehindert fließen und die Glühbirne leuchtet.

## Wie kommt der Strom in die Steckdose?

Strom aus der Steckdose

Strom kann durch Wind, Wasser oder Sonnenenergie erzeugt werden, ebenso wie durch Verbrennung von Kohle oder aber mithilfe von Atomkraft. Im Anschluss muss er dann aus dem Kraftwerk zu den Verbrauchern gebracht werden.

Damit er transportiert werden kann, wird der erzeugte Strom durch einen Transformator (Umspanner) auf eine Spannung von bis zu 380.000 Volt gebracht. Da unterwegs sehr viel Strom verloren geht, muss die Spannung so hoch sein.

**Unter Hochspannung**
Dann wird der Strom über Hochspannungsleitungen in die Nähe der Verbraucher geleitet. Damit er auch in der Leitung bleibt und nicht auf die Umgebung überspringt, müssen die Hochspannungsmasten alle sehr hoch sein.

Um nun den Strom für den Hausgebrauch bereit zu machen, wird er in Umspannwerken und Transformatorkästen auf die übliche Netzspannung von 220 Volt gebracht. Erst dann kann er in das Verbraucherstromnetz eingespeist werden.

## Warum glüht die Glühbirne?

Wer schon einmal eine kaputte Glühbirne ausgewechselt hat, hat sicher auch gesehen, dass der kleine Draht in ihr durchtrennt war. Dieser Draht ist der Glühdraht oder Glühfaden. Durch ihn fließt der Strom, wenn die Lampe angeschaltet ist.

**Vorsicht: heiß!**
Dadurch, dass der Draht zu einer winzig kleinen Spirale aufgewickelt ist, kann die Temperatur in ihm auf bis zu 3000 Grad Celsius steigen! So verwundert es nicht, dass er glüht und leuchtet und dabei manchmal auch kaputtgeht.

Bei dieser enormen Hitze würde der Draht normalerweise ganz schnell verbrennen, wenn er mit Luft in Kontakt käme. Im Glaskolben der Glühbirne befindet sich aber statt normaler Luft eine Mischung aus verschiedenen Gasen, die die Verbrennung verhindern.

Eine Energiesparlampe

**Schon gewusst?**

**Glühbirnen verbrauchen relativ viel Strom, da sie einen Großteil nicht als Licht, sondern als Wärme an die Umgebung abgeben. Sie sollen deshalb allmählich durch Energiesparlampen ersetzt werden.**

## Wie kann der Lichtschalter das Licht anknipsen?

Elektrische Geräte funktionieren nur dann, wenn der Stromkreis, der ihnen den Strom zuführt, geschlossen ist. Um ein Gerät an- und ausschalten zu können, benötigt man eine Vorrichtung zum Öffnen und Schließen des Stromkreises: einen Schalter.

Lichtschalter können sich direkt an den Lampen oder ihrem Kabel befinden. Oder aber – bei einer Decken- oder Wandbeleuchtung – an der Wand des entsprechenden Zimmers.

**Es werde Licht**

Soll die Lampe nur durch einen einzigen Schalter zu bedienen sein, verwendet man einen einfachen Schalter. Dieser öffnet oder schließt den Stromkreis an einer einzigen Stelle. Gibt es zwei Schalter, spricht man von einer Wechselschaltung.

Ein Lichtschalter mit Steckdose

## Wie funktionieren Knicklichter?

Knicklichter sind mittlerweile kaum noch von einem Kindergeburtstag wegzudenken. Es gibt sie sogar als Armband oder Halsband zu kaufen. Die Stäbchen leuchten, nachdem sie einmal geknickt wurden, mehrere Stunden lang. Allerdings kann der Leuchteffekt nicht gestoppt werden. Bereits am nächsten Morgen sind sie „verglüht".

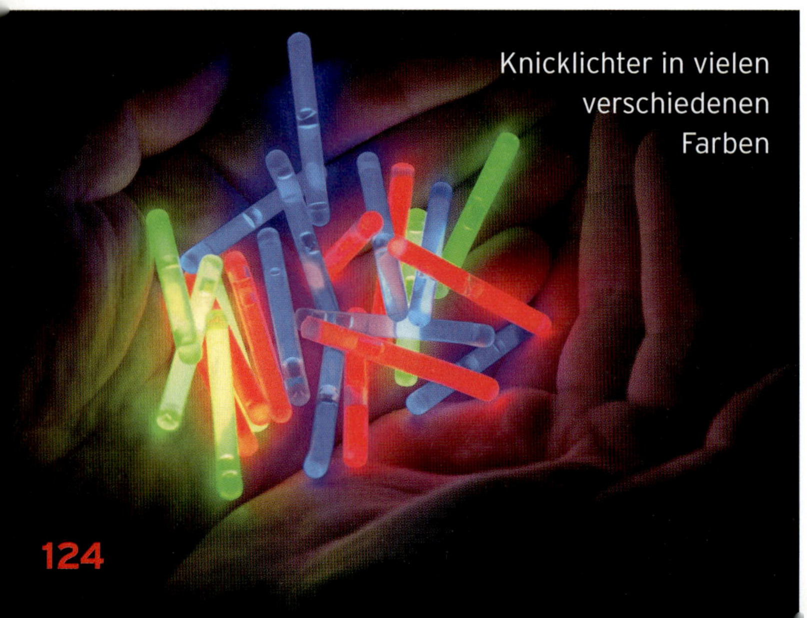

Knicklichter in vielen verschiedenen Farben

**Bitte knicken!**

Ein Knicklicht besteht aus einem durchsichtigen Kunststoffrohr. In seinem Inneren befindet sich eine Chemikalie sowie Farbstoff. In diesem Gemisch schwimmt ein gläsernes Röhrchen mit einer zweiten Chemikalie. Knickt man den Leuchtstab, zerbricht das Röhrchen. Die beiden Chemikalien vermischen sich und reagieren miteinander. Dabei entsteht kaltes Licht. Das ist eine Lichtstrahlung, bei der keine Wärme abgegeben wird.

**Tipp!**

**Wenn man das Knicklicht an mehreren Stellen knickt, verteilen sich die Chemikalien besser. Man kann dann sogar die Splitter des inneren Röhrchens erkennen.**

## Wie funktioniert eine Lavalampe?

In den 1970er- und 1990er-Jahren gab es sie schon, und auch heute ist die Lavalampe wieder sehr beliebt. Mit Lava hat sie im Grunde aber nichts zu tun. Die dicken, meist roten Blasen, die sich in der Lampe auf- und abbewegen, haben lediglich eine gewisse Ähnlichkeit mit Lava.

**Ein ständiges Auf und Ab**

Eine Lavalampe besteht aus einem Glaszylinder, unter dem sich eine Glühbirne befindet. Der Glaszylinder ist mit Flüssigkeit gefüllt. Diese besteht aus farbigem Wachs oder Öl und einer wässrigen Lösung aus gefärbtem Wasser, Alkohol und Salz.

Schaltet man die Lampe an, scheint das Licht durch die farbige Flüssigkeit. Außerdem erwärmt sich die Glühbirne und gibt diese Wärme an den Glaszylinder weiter.

Die warme „Lava" steigt nach oben, kühlt dort wegen der größeren Entfernung zur Wärmequelle wieder ab und sinkt nach unten. Da sich Wasser und Öl nicht vermischen, kann man die unterschiedlichen Bewegungen der beiden Substanzen gut beobachten.

Eine orangefarbene Lavalampe

## Wie brennt eine Kerze?

Kerzen waren früher das wichtigste Leuchtmittel überhaupt. Heute werden sie vor allem verwendet, wenn man eine gemütliche Stimmung erzeugen möchte. Eine Kerze besteht aus einem saugfähigen Docht, meist aus geflochtenen Baumwollfäden, und Wachs als Brennstoff.

Brennende Kerzen

Wenn der Docht angezündet wird, ernährt sich die Flamme zunächst von der dünnen Wachsschicht, mit der das obere Ende des Dochtes überzogen ist. Denn das Wachs der Kerze ist zu diesem Zeitpunkt noch nicht flüssig.

**Das Wachs schmilzt**

Durch die Flamme, die in ihrem unteren Bereich Temperaturen von 600 bis 800 Grad Celsius und oben sogar von 1400 Grad Celsius erreicht, beginnt das Kerzenwachs zu schmelzen.

Das flüssige Wachs wird durch den Docht nach oben gezogen, wo es in der Flamme verdampft. Sobald es mit Sauerstoff in Berührung kommt, verbrennt es. Da die Verbrennungsgase nach oben steigen, kommt stets unverbrauchte Luft nach. So erhält die Flamme ihre längliche Form.

## Wann entzündet sich ein Streichholz?

Wann und wie sich ein Streichholz entzündet, hängt davon ab, aus welchen chemischen Stoffen sein Zündkopf besteht. Da sich die ersten Streichhölzer auch durch gegenseitige Reibung entzünden konnten, wurden um 1850 die sogenannten Sicherheitszündhölzer entwickelt. Diese verwendet man auch heute noch.

### Hochrote Köpfchen

Sicherheitszündhölzer können nur an einer speziellen Reibefläche meist seitlich an der Zündholzschachtel entzündet werden. Die Hauptbestandteile ihres Zündkopfes sind Schwefel und Kaliumchlorat.

Wenn man sie an der Reibefläche auf der Streichholzschachtel aus Glaspulver und rotem Phosphor reibt, bleiben Teile des Phosphors am Zündholzkopf hängen. Sie entflammen durch den Kontakt mit dem Kaliumchlorat.

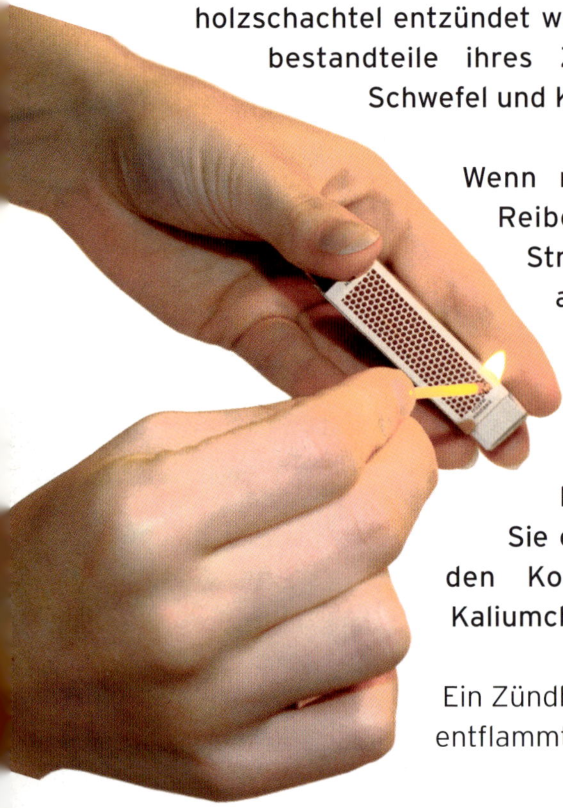

Ein Zündholz entflammt.

**Schon gewusst?**

**In Western-Filmen sieht man oft Cowboys, die ein Zündholz an ihrer Hose oder einer Hauswand entzünden. Solche Zündhölzer gibt es auch heute noch. Unter der Bezeichnung Überall-Zündhölzer kann man sie zum Beispiel bei einem Freizeitausrüster kaufen.**

## Wie funktioniert die Heizung?

Bei vielen Heizungen wird die Wärme in einem Heizkessel im Keller erzeugt. In diesem Kessel verbrennen Öl, Erdgas, Holz, Pellets oder auch Kohle. Mit der entstandenen Wärme wird dann das Heizwasser erwärmt, das durch die Heizrohre in die Heizkörper der einzelnen Wohnungen geleitet wird.

**Schon gewusst?**

**Damit sich die Luft gleichmäßig im ganzen Zimmer verteilen kann, muss der Heizkörper unter einem Fenster angebracht sein. Denn hier ist die Luft eigentlich am kältesten und will nach unten sinken. Sie wird aber von der Luft, die von der Heizung aufsteigt, mitgetragen und fällt erst dann irgendwo in der Zimmermitte nach unten. So wird die Luft im ganzen Zimmer gleichmäßig durchmischt und erwärmt.**

### Zurück in den Keller

Nachdem es sich schließlich abgekühlt hat, fließt das Wasser wieder zurück zur Heizanlage in den Keller. Übrigens: Metall ist ein sehr guter Wärmeleiter. Deshalb werden Heizkörper auch aus diesem Material hergestellt und können so die Wärme an den Wohnraum abgeben.

Ein Heizkörper in einem Zimmer

## Warum kleben Briefmarken, wenn man sie ableckt?

Eine Briefmarke auf einem Brief

**Eine dünne Klebstoffschicht**
Der Klebstoff wird mit Walzen in einer äußerst dünnen Schicht auf die Briefmarken aufgetragen. Dadurch reicht ein Kilogramm Klebstoff für 100.000 Briefmarken aus! Solange dafür noch keine Maschinen eingesetzt wurden, musste der Klebstoff mit einem Pinsel von Hand aufgetragen werden.

Seit der Entwicklung künstlich hergestellter Klebstoffe im Jahr 1915 wird die Rückseite von Briefmarken mit einer klebrigen Lösung versehen. Dieser Klebstoff ist für die Gesundheit unbedenklich und geschmacklos. Außerdem reagiert er nicht bei normaler Luftfeuchtigkeit, sondern erst bei einer größeren Feuchtigkeitsmenge. Dadurch kleben die Briefmarken untereinander nicht so leicht zusammen.

### Schon gewusst?

**Bereits um 1840 gab es in Großbritannien klebende Briefmarken. Sie wurden mit einer Mischung aus Zucker und Kartoffelstärke bestrichen. Allerdings lösten sie sich leicht wieder von Briefen ab. Mittlerweile gibt es sogar schon selbstklebende Briefmarken.**

## Wie kommt die Tinte aufs Papier?

Die Teilchen einiger Flüssigkeiten tragen eine elektrische Ladung in sich. Dadurch werden sie von den Molekülen einer glatten Oberfläche angezogen. Diese Anziehungskraft ist so groß, dass sogar die Kraft, die einen Tropfen zusammenhält, von ihr überwunden wird.

**Ein Spalt in der Feder**
So funktioniert auch ein Füller. Mithilfe eines Zapfens wird die Tintenpatrone angestochen. Durch zwei hauchdünne Kanäle in dem Zapfen steigt die Tinte von der Patrone bis zur Feder, die in der Mitte gespalten ist.

Dieser Spalt, der zur Spitze hin schmaler wird, leitet die Tinte weiter bis zur Füllerspitze. Durch den Druck beim Schreiben öffnet sich der Spalt ein wenig. Aber nur, wenn der Untergrund (zum Beispiel Papier) die Flüssigkeit aufnehmen kann, wird die Tinte aus der Feder herausgezogen.

Blaue Tinte auf blauem Papier

## Wie kommt die Farbe in den Stift?

Schon vor mehr als 400 Jahren gab es die ersten Bleistifte. Diese wurden schon damals aus Grafit und nicht aus Blei hergestellt. Früher mussten die Minen von Hand zurechtgesägt und dann zwischen zwei Holzbrettchen geleimt werden. Heute übernehmen diese Arbeit Maschinen.

**Kleine Brettchen für die Minen**

Der Grafit wird zermahlen, mit Ton vermischt, zu Stäbchen geformt und gebacken. Bei Buntstiften mischt man statt des Grafits Farbstoffe in den Ton. Die fertigen Minen legt man dann in kleine Brettchen, in die zuvor Rillen gefräst wurden. Ein zweites Brettchen mit einer Rille wird darübergelegt und angeklebt. Daraus schneidet eine Maschine die Stifte. Zum Schluss werden die Stifte in einer Lackiermaschine mit der passenden Farbe besprüht und getrocknet.

Viele bunte Stifte

**Schon gewusst?**

**Die größte Buntstiftfabrik der Welt steht in Brasilien. In ihr werden täglich fünf Millionen Stifte hergestellt!**

## Wie wird aus Holz Papier?

Papier wird aus Holz hergestellt.

Früher benutzte man Papyrus (Schreibmaterial aus Schilf) oder Pergament (geglättete Tierhäute), um darauf zu schreiben. Seit dem Mittelalter ist in Europa die Herstellung von Papier aus Pflanzenfasern bekannt.

**Ein wässriger Brei**

Heute wird Papier vor allem aus schnell wachsenden Bäumen hergestellt. Die entrindeten Stämme werden so weit zerkleinert, bis aus der Zellulose (dem Hauptbestandteil der pflanzlichen Zellwände) eine faserige Masse gewonnen wird: der Zellstoff.

Dieser wird weiter zerfasert und mit Wasser versetzt. Den entstandenen Brei vermischt man mit Leim und bringt ihn in einer dünnen Schicht auf ein Sieb auf. Schließlich wird er noch gepresst und getrocknet.

**Achtung!**

**Tag für Tag werden ungeheure Mengen von Bäumen nur für die Papierherstellung gefällt. Um die Wälder zu schützen, ist es sinnvoll, Altpapier in den Papiercontainer zu werfen und Schulhefte oder Toilettenpapier aus Recyclingpapier zu kaufen.**

## Selbst Papier herstellen

Man kann Papier auch selbst herstellen. In der Fachsprache wird dieser Vorgang Papierschöpfen genannt.

**Dazu benötigst du:**

**Altpapier (nicht zu bunt)**
**eine Schüssel Wasser**
**einen Mixer**
**ein Glas mit Schraubverschluss**
**eine Plastikwanne (möglichst eckig)**
**einen Schöpfrahmen (Holzrahmen, auf dem ein Sieb/Fliegengitter befestigt ist)**
**zwei dicke Geschirrtücher**
**Haushaltstücher**
**zwei Bretter**
**Schraubzwingen**

Handgeschöpftes Papier

### Und so gehts:

Zunächst reißt du ungefähr 400 Gramm Altpapier in Streifen. Diese legst du mehrere Stunden lang in Wasser ein. Dann wird der entstandene Papierbrei mit dem Mixer zerkleinert.

Um zu überprüfen, ob der Brei fein genug ist, füllst du einen kleinen Teil in ein verschließbares Glas, gibst Wasser dazu und schüttelst es kräftig. Wenn keine wolkenartigen Knäuel mehr zu sehen sind, ist die Beschaffenheit genau richtig.

Die Papiermasse füllst du in die „Bütte", also in die Plastikwanne, und vermischst sie mit Wasser. Viel Wasser ergibt dünnes Papier, wenig Wasser dickes Papier. Dann rührst du alles noch einmal kräftig durch, bevor du mit dem Schöpfrahmen vorsichtig und senkrecht eine Schicht Papiermasse entnimmst.

Sobald das Wasser abgetropft ist, kippst du den Rahmen mit dem Papier auf ein Geschirrtuch, das auf einem der Bretter liegt. Dann saugst du weiter Wasser ab, indem du die Haushaltstücher auf das Sieb drückst.

Nun entfernst du den Rahmen, bedeckst das Papier mit dem anderen Geschirrtuch und dem zweiten Brett und presst das restliche Wasser heraus. Das gelingt dir am besten mit Schraubzwingen. Zum Schluss hängst du das Papier mitsamt dem unteren Geschirrtuch zum Trocknen auf.

**Schon gewusst?**

**Man kann zur Papierherstellung alle möglichen Pflanzenfasern verwenden. Früher wurden hauptsächlich alte Stoffreste zu Papier verarbeitet. Diese lieferten die sogenannten Lumpensammler an die Papiermühlen.**

## Wie funktioniert ein Taschenrechner?

Im Grunde handelt es sich bei einem Taschenrechner um einen kleinen Computer. Dieser verfügt natürlich über wesentlich weniger Funktionen als ein herkömmlicher PC.

Fast alle modernen Taschenrechner haben elektronische Schaltkreise und eine Flüssigkristallanzeige (LCD-Anzeige). Für ihre Stromversorgung sorgt entweder eine Batterie (siehe Seite 122 unten) oder eine Solarzelle (siehe Seite 58 oben).

Taschenrechner sind so etwas wie kleine Computer.

**Unendlich viele Zahlen**

Natürlich sind in einem Taschenrechner nicht alle Rechnungen gespeichert. Denn das würde einerseits viel zu viel Speicherplatz brauchen. Andererseits wäre das überhaupt nicht möglich, da es ja unendlich viele Zahlen gibt und dann auch dementsprechend viele Rechnungen. Stattdessen verfügt er über sogenannte Algorithmen. Das sind gewissermaßen die Rechenwege, die er anwenden muss. Er rechnet also letztendlich wie ein Mensch, nur viel, viel schneller und immer richtig.

## Wieso klebt Klebstoff und warum klebt er nicht in der Tube fest?

Klebstoff in der Tube

Klebstoff wurde schon von den Neandertalern vor 45.000 Jahren hergestellt. Damals benutzte man Birkenpech.

Heute verwendet man Klebstoffe aus verschiedenen Verbindungen. Diese werden entweder auf der Grundlage natürlicher oder aber künstlicher Materialien hergestellt. Die Klebewirkung ist eine chemische Reaktion, die aber nicht durch das Zusammentreffen mit der Luft und dem Sauerstoff, sondern durch die Luftfeuchtigkeit hervorgerufen wird.

**Tipp!**

**Klebstoff wird auch in der Tube mit der Zeit hart. Denn selbst bei den handelsüblichen Metalltuben gelangen allmählich winzige Wasserpartikel durch die Tubenwand. Daher ist es sinnvoll, Klebstoff im Kühlschrank aufzubewahren. Denn durch die Kälte zieht sich das Metall zusammen und so können die Wasserpartikel die Tubenwand nicht mehr so leicht durchdringen.**

## Wieso klebt Tesafilm®?

Tesafilm® und andere Klebebänder bestehen aus streifenförmigem Kunststoff. Damit das Klebeband nicht so schnell reißt, ist dieser Kunststoff sehr stabil. Darauf werden dann die Haftklebstoffe aufgetragen. Diese sind so gemacht, dass sie so lange klebrig bleiben, bis der Tesafilm® zum Einsatz kommt.

**Ein sauberer Untergrund**

Ein Klebeband klebt nicht auf jedem Untergrund gleich gut. Damit die Klebekraft zur Geltung kommt, muss er trocken, eben und sauber sein. Die Klebekraft lässt allerdings mit den Jahren durch Licht und Temperaturschwankungen nach. Damit man das Klebeband abrollen kann, ist seine Oberseite mit einem Trennmittel versehen.

**Schon gewusst?**

**Das erste Klebeband wurde 1901 von Oscar Troplowitz (1863–1918) erfunden. Es war der Klebeverband, der auch heute noch als Leukoplast® bekannt ist. Das erste transparente Klebeband gab es 1930.**

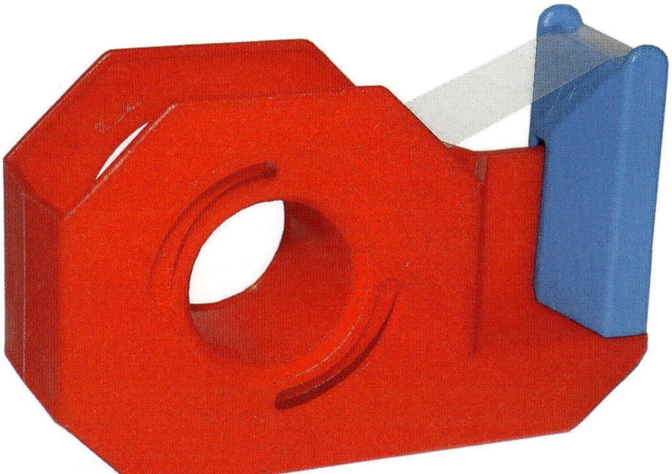

Ein Tesafilm® zum Abrollen

## Wie macht eine Türklinke die Tür auf?

Eine Türklinke an einer Tür

Eine Türklinke ist ein Türgriff, der wie ein Hebel die Schnapp-Einrichtung der Tür öffnet und schließt. Türklinken sind an beiden Seiten einer Tür angebracht. Die Türklinkenpaare bestehen aus zwei unterschiedlichen Teilen.

Diese werden ineinandergesteckt und sind durch einen vierkantigen Metallstift miteinander verbunden. Wird die Türklinke gedrückt, bewegt sich der Metallstift und kippt nach hinten. Dabei zieht er auch die Schnappeinrichtung nach hinten weg und die Tür öffnet sich.

**Schon gewusst?**

**Bis vor Kurzem waren Türklinken in Amerika noch ziemlich ungewöhnlich. Denn dort verwendete man fast ausschließlich Türknöpfe. Wir kennen diese Türknäufe vor allem aus amerikanischen Filmen, wo sie sich ganz langsam drehen, sobald ein Mörder das Haus betritt.**

## Wieso gibt es ein Geräusch, wenn man auf einen Klingelknopf drückt?

Früher betätigte man eine Türglocke über einen Griff und ein Seil. Bei einem großen Haus mit vielen Bewohnern ist das natürlich nicht mehr möglich.

Hier wohnen viele Menschen.

### Ein Hin und Her

Die Klingel besteht aus einem Stromkreis, einem Elektromagneten, einem Unterbrecherkontakt, einem Metallklöppel mit einer Stahlfeder, einer Glockenschale und einem Schalter. Sobald man auf den Klingelknopf drückt, schließt sich der Stromkreis. Dann wird der Elektromagnet mit Strom versorgt. Daraufhin wird der Metallklöppel angezogen und schlägt gegen die Glockenschale. Allerdings wird dadurch der Stromkreis wieder unterbrochen.

Wenn der Klöppel zurückschnalzt, schließt sich der Stromkreis erneut und wird wieder von dem Magneten angezogen. Dieses Hin und Her dauert genau so lange, wie der Klingelknopf gedrückt bleibt.

**Schon gewusst?**
**Mittlerweile sind elektronische Klingelanlagen ziemlich weit verbreitet. Dabei können Klingeltöne ähnlich wie bei Handys programmiert werden.**

## Warum passt nur ein einziger Schlüssel ins Schloss?

Schlüssel unterscheiden sich durch ihr Profil. Nur wenn alle Zacken übereinstimmen, passt der Schlüssel ins Schloss. Dann schiebt er beim Drehen alle eingebauten Hindernisse aus dem Weg.

### Viele unterschiedliche Versionen

Für Außenschlösser, zum Beispiel bei Haustüren, werden besonders sichere Schlösser benutzt. Bei Zimmertüren dagegen handelt es sich meist um sehr einfache Schlösser. Diese lassen sich mit einem Dietrich, einem Nachschlüssel, relativ leicht öffnen.

Es sind also nicht wirklich alle Schlüssel verschieden. Aber es gibt so viele unterschiedliche Versionen, dass der Zufall schon groß sein muss, um auch mit einem „falschen" Schlüssel eine Tür aufschließen zu können.

Ein Schlüsselbund

## Wie funktioniert die Kanalisation?

Alle unsere Abwässer, egal ob aus Toilette, Badewanne, Waschmaschine oder Spülbecken, gelangen in die Kanalisation. Das ist ein unterirdisches Rohrsystem. Darin fließen alle unsere Abwässer gemeinsam mit dem Abwasser der anderen Leute zum nächsten Sammelpunkt.

Fabriken, Industrieanlagen und Autowaschanlagen müssen ihre Abwässer allerdings vorher in eigenen Kläranlagen von den Schadstoffen reinigen, bevor sie sie in die öffentliche Kanalisation einleiten.

**Auf dem Weg zum Klärwerk**
Von den Sammelpunkten wird das Abwasser durch größere Kanäle mithilfe von Pumpwerken zum Klärwerk weitergepumpt. Das Regenwasser dagegen fließt durch die Gullys über ein gesondertes Kanalisationssystem direkt in das nächste Gewässer oder in große Becken. Dort wird es zusätzlich noch durch reinigende Erd- und Sandschichten geleitet.

Ein Gullydeckel

**Schon gewusst?**
**Jeder Mensch in Deutschland verbraucht pro Tag etwa 120 Liter Wasser, das großteils als Abwasser wieder in die Kanalisation gelangt.**

## Was passiert in einer Kläranlage?

Ein Becken in einer Kläranlage

Durch die Kanalisation gelangen alle Abwässer zum Klärwerk, wo sie mechanisch, biologisch und chemisch gereinigt werden.

Zunächst wird das Wasser mit einer sogenannten Schneckenpumpe wie auf einer Wendeltreppe nach oben gepumpt. Von dort aus durchläuft es verschiedene Reinigungsbecken. Anschließend werden alle größeren Objekte wie Holz oder Papier mit einer Rechenanlage herausgefischt und als Müll entsorgt.

**Viele Reinigungsschritte**
In einem künstlich belüfteten Sand- und Fettfang sinken Sand und Steine auf den Boden, während Fett und Öle an die Oberfläche steigen. Der Sand wird entsorgt, während das Fett abgeleitet wird.

Im Mischbecken beginnt dann die biologische Reinigung. Schlamm aus dem Nachklärbecken wird mit Wasser vermischt und in das Belebungsbecken geleitet. Dort bauen Mikroorganismen unerwünschte Stoffe ab. Schließlich kehrt das saubere Wasser aus dem Nachklärbecken in den natürlichen Wasserkreislauf zurück.

## Wohin kommt unser Müll?

Jeden Tag fallen besonders in den Industrieländern riesige Mengen Müll an. Dieser wird mittlerweile nicht mehr komplett verbrannt, sondern teilweise recycelt, also wieder aufbereitet.

Aus dem Restmüll wird bei der Verbrennung Energie gewonnen, aber zugleich fällt auch Kohlendioxid an. Sperrmüll wird ebenfalls verbrannt, aber erst nachdem alle Teile, die wiederverwendet werden können, herausgenommen wurden.

**Altglas, Dosen und Plastik**
Um die Container, in denen Altglas, Plastik, Dosen und Aluminium gesammelt werden, kümmern sich meistens Spezialfirmen. Diese reinigen die Stoffe und arbeiten sie wieder auf.

Aus Altpapier stellt man Recyclingpapier her (siehe Kasten Seite 128 unten). Bioabfälle sind am einfachsten zu entsorgen. Denn aus ihnen kann hochwertige Komposterde erzeugt werden. Voraussetzung ist allerdings, dass zuvor keine Fremdkörper wie Plastiktüten oder Aluminium in der Biotonne gelandet sind.

Viele Müllsäcke

## Wie funktioniert eine Fernwärmeheizung?

Ein Heizkraftwerk

Eine Fernwärmeheizung ist eine Heizungsanlage, bei der die Wärme nicht in einem Heizkessel im Haus produziert wird. Stattdessen wird sie von einem weit entfernten Kraftwerk herantransportiert.

In Häusern mit Fernwärmeheizung wird auf diese Weise auch das Warmwasser bereitgestellt. Diese Heizungen eignen sich vor allem für größere Wohnblöcke, Schulen oder Industrieanlagen.

**Vom Heizkraftwerk zum Haus**
Die Heizenergie wird in einem Heizkraftwerk hergestellt, beispielsweise indem man Müll verbrennt. Von dort wird sie in Form von heißem Wasser über gut gedämmte Rohrleitungen direkt in die Häuser transportiert.

In einer kleinen Übergabestation, dem sogenannten Wärmetauscher, gibt das heiße Wasser seine Wärme an das Heizungssystem des Hauses ab. Dann wird das abgekühlte Wasser zurück zum Heizkraftwerk gepumpt und erneut erhitzt. Letztendlich funktioniert die Fernwärmeheizung also wie eine riesengroße Zentralheizung (siehe Seite 126 rechts).

## Wie funktionieren Strichcodes?

Auf den meisten Produkten ist heutzutage ein Strichcode zu finden. Dieser besteht aus verschieden dicken schwarzen Balken. Die Scanner an den Kassen (zum Beispiel im Supermarkt) sind mit Infrarotlicht ausgestattet und können daran den Preis und die Artikelbezeichnung erkennen.

Ein Strichcode

**Buchstaben und Zahlen**
Meist steht unter dem Strichcode zusätzlich noch eine Buchstaben- oder Zahlenkombination. So kann man dem Code die Informationen auch entnehmen, wenn das Lesegerät einmal Schwierigkeiten hat.

Dank der Strichcodes müssen die Waren im Supermarkt und auch sonst überall nicht mehr mit Preisschildern ausgezeichnet werden. Auch Preisänderungen können so durch eine einzige Eingabe im Computer durchgeführt werden. Gleichzeitig kann man erkennen, wie viele Waren noch im Lager sind und wann nachbestellt werden muss.

**Schon gewusst?**
**Das erste Produkt mit einem Strichcode, das von einer Scannerkasse erfasst wurde, war am 26. Juni 1974 eine Packung Kaugummi.**

## Wie funktioniert eine Rolltreppe?

Rolltreppen können viel mehr Menschen transportieren als Aufzüge (bis zu 10.000 Menschen pro Stunde). Sie funktionieren ähnlich wie Förderbänder. Durch die Stufen wird man aber in einem wesentlich steileren Winkel nach oben und unten befördert.

Eine Rolltreppe

**Schon gewusst?**
**Die Rolltreppe wurde von Jesse W. Reno (1861–1947) erfunden. Zunächst errichtete er 1893 in einem New Yorker Bahnhof ein schräges Transportband. Dann bekam er den Auftrag für ein Rollband mit Stufen. Richtig bekannt wurde die Erfindung im Jahr 1900 auf der Pariser Weltausstellung, wo alle Ebenen des Ausstellungsgeländes über Rolltreppen erreicht werden konnten.**

**Ein mitlaufendes Geländer**
Die dicken Gummibänder, an denen man sich während der Fahrt festhalten kann, werden über ein Antriebsrad bewegt. Unter dem Gummi befinden sich schwere Ketten, die mit dem Antriebsmotor verbunden sind und so die Rolltreppe mit sich ziehen. Die einzelnen Stufen sind auf beiden Seiten an Endlosbänder montiert.

## Wie funktioniert ein Aufzug?

Hier gibt es einen Aufzug.

Ohne Aufzüge wären die heutigen Großstädte mit ihren Hochhäusern nicht denkbar. Die ersten Aufzüge waren Seilaufzüge. Sie können im Gegensatz zu den heute auch gebräuchlichen Hydraulikaufzügen eine beliebig große Höhe überbrücken.

**Seile aus Stahl**

Die Aufzugkabine hängt an mehreren Stahlseilen. Am anderen Ende sind Gegengewichte angebracht. Die Seile laufen über motorgetriebene Rollen. Allerdings sind die Stahlseile an diesen sogenannten Treibscheiben nicht befestigt, sondern werden nur durch die Spannung und Reibung gehalten.

### Schon gewusst?

**1853 startete der Mechaniker Elisha Graves Otis (1811-1861) vor großem Publikum einen wagemutigen Versuch: Er stellte sich in einen Aufzug und ließ das Tragseil von einem Mitarbeiter mit einer Axt durchtrennen. Die Aufzugkabine fiel – doch nur wenige Zentimeter. Dann nämlich wurde sie von einer Stahlfeder, die mit dem Tragseil verbunden war, gestoppt.**

## Wie reinigt Chlor das Wasser?

Wenn man ins Schwimmbad geht, riecht man oft schon von Weitem das Chlorwasser. Chlor desinfiziert das Wasser, das heißt es befreit das Wasser von Krankheitserregern. Zu diesem Zweck wird dem Wasser Chlor in Form von Chlorgas zugesetzt, das die Bakterien abtötet. Das ist übrigens für öffentliche Bäder gesetzlich vorgeschrieben.

**Bakterien haben keine Chance**

Auf fünf Kubikmeter Wasser, das sind 5000 Liter, wird ein Gramm Chlor ins Wasser gemischt. In dieser Konzentration ist es für Menschen natürlich nicht giftig. Dafür aber für die Bakterien, Viren und anderen Kleinlebewesen, die sich im Wasser befinden.

Wenn man einmal überlegt, wie viele Tausend Menschen an einem heißen Tag ins Schwimmbad gehen, die möglicherweise irgendeine Krankheit haben, ist das doch sehr sinnvoll!

Im Schwimmbad riecht es oft nach Chlor.

## Wie springt der Springbrunnen?

Man kennt sie vor allem aus den Parkanlagen und Gärten von Schlössern. Aber auch auf großen Plätzen in der Stadt gibt es Springbrunnen. Diese künstlichen Fontänen, bei denen das Wasser oft in beachtliche Höhen emporschießt, entspringen meistens einem Wasserbecken. Dieses ist gleichzeitig auch das Vorratsbecken für den Springbrunnen.

Ein Springbrunnen bei Nacht

### Ab gehts nach oben

Das Wasser wird zunächst angesaugt und dann mit elektrischen Pumpen durch ein Rohr zur Ausgangsdüse befördert. Dort wird es unter hohem Druck steil nach oben gepresst. An Stellen, wo das Grundwasser unter Druck steht, können Springbrunnen durch eine einfache Bohrung auch ohne künstliche Hilfsmittel erzeugt werden. Dies wird dann artesischer Brunnen genannt.

**Wahnsinn!**
**Der höchste Springbrunnen in Europa ist der Jet d'eau im Genfer See mit 140 Metern Höhe. Der höchste Springbrunnen der Welt ist seit 1985 King Fahd's Fountain in Dschidda in Saudi-Arabien mit 312 Metern.**

## Wie arbeiten Touchscreens?

An vielen öffentlichen Plätzen (zum Beispiel in U-Bahnhöfen, Bibliotheken oder Banken) sind Computer aufgestellt. Diese kann man nicht über eine normale Tastatur, sondern über einen sogenannten Touchscreen bedienen. Dies hat den Vorteil, dass die Tastaturen nicht mehr beschädigt werden können.

Touchscreens sind mittlerweile sehr verbreitet.

Ein Touchscreen funktioniert durch Berührung des Bildschirms mit dem Finger. Der Name leitet sich vom Englischen „to touch" ab, was so viel bedeutet wie „berühren".

### Eine kratzfeste Schutzschicht

Es gibt verschiedene Arten von Touchscreens: Am weitesten verbreitet sind diejenigen, die nach dem Widerstandsprinzip funktionieren. Hinter einer kratzfesten Schutzschicht befindet sich eine leitfähige Schicht. Diese ist durch winzige Abstandhalter von einer zweiten leitfähigen Schicht getrennt. Ein Druck mit dem Finger oder einem Stift genügt, damit sich beide berühren. Dann wird die Lage des Punktes, an dem der Bildschirm berührt wurde, an den Rechner weitergegeben (siehe Seite 141 oben).

## Wie kann Glas durchsichtig sein, wenn es doch aus Sand besteht?

Glas wird aus Quarzsand, Natriumkarbonat, Pottasche und einigen anderen Stoffen hergestellt. Man erhitzt alles auf eine Temperatur von 1480 Grad Celsius und bringt so die einzelnen Bestandteile zum Schmelzen. Dabei werden diese Materialien nicht nur miteinander vermischt, auch ihre Beschaffenheit ändert sich völlig.

**Die Glasatome**

Alle Stoffe bestehen aus winzig kleinen Teilen, den sogenannten Atomen. Die Atome wiederum setzen sich aus einem Atomkern und unterschiedlich vielen Elektronen zusammen. Diese bilden eine Hülle. Die verschiedenen Eigenschaften eines Stoffes hängen weitgehend davon ab, wie sich die Elektronen innerhalb der Atomhülle verhalten.

In den Glasatomen sitzen die Elektronen ganz nah und fest am Atomkern. Deshalb können sie nicht in Schwingung versetzt werden, wenn Licht auf sie trifft. Deshalb nehmen sie auch die Energie des Lichtes nicht auf, sondern lassen es ungehindert durch sich hindurchfließen. Das ist der Grund, warum Glas durchsichtig ist.

Glas ist durchsichtig.

## Wieso sieht man mit einer Brille besser?

Viele Menschen sehen mit einer Brille besser.

Kurzsichtigkeit und Weitsichtigkeit werden dadurch verursacht, dass der Augapfel bestimmte Dinge nicht scharf abbilden kann. Meist liegen diese Gegenstände etwas weiter entfernt.

**Das steckt dahinter**

Bei kurz- oder weitsichtigen Menschen stimmt zum Beispiel die Länge des Augapfels nicht oder die Linse ist falsch gekrümmt. So kann das Licht und damit auch das Abbild der Gegenstände nicht auf der richtigen Stelle im Auge auftreffen und einwandfrei an das Gehirn weitergegeben werden.

Durch eine Brille oder durch Kontaktlinsen wird der Strahlengang des Lichts, das in unsere Augen fällt, verändert. So wird der Sehfehler korrigiert und man kann wieder einwandfrei sehen.

**Schon gewusst?**

**Schon im Mittelalter gab es Sehhilfen für Kurzsichtige. Diese hatten allerdings mit den heutigen Brillen nur wenig Ähnlichkeit. Das Wort Brille stammt aber trotzdem aus dieser Zeit. Denn um das Jahr 1300 verwendete man Linsen aus Bergkristall (Beryll), die „Berillen", die man wie ein Vergrößerungsglas vor die Augen hielt.**

## Wie funktioniert ein Fernglas?

Mit einem Fernglas kannst du Dinge sehen und beobachten, die sich in weiter Entfernung von dir befinden. Das ist sehr praktisch, denn mit den Augen allein wäre das oft gar nicht möglich. Auch im Theater gibt es kleine Ferngläser, die sogenannten Operngläser. Sie helfen den Zuschauern auf den hinteren Plätzen, die Schauspieler auf der Bühne besser zu erkennen.

**Lichtstrahlen treffen ein**

Normalerweise besteht ein Fernglas aus zwei nebeneinanderliegenden Fernrohren. Diese sind miteinander durch die sogenannte Brücke verbunden, an der sich auch ein Scharfstellrad befindet.

Treffen Lichtstrahlen auf die vorderen Gläser (Objektive) des Fernrohrs, werden sie im Inneren der Rohre gebündelt. Dadurch entsteht ein Bild, das auf dem Kopf steht und seitenverkehrt ist. Ein Prismensystem im Fernglas korrigiert das Bild und leitet es durch die hinteren Gläser (Okulare) in die Augen des Betrachters. Für die endgültige Vergrößerung sorgen übrigens die drei bis sechs Linsen des Okulars.

Was gibt es hier zu sehen?

## Wieso sehen wir verschiedene Farben?

Viele schöne Farben!

Dass wir Farben sehen können, verdanken wir der Tatsache, dass wir elektromagnetische Wellen als Licht wahrnehmen. Von allen Gegenständen um uns herum wird das Licht, das sich an ihnen bricht, in unsere Augen zurückgeworfen.

Dieses Licht besteht aus unterschiedlich langen elektromagnetischen Wellen, die den verschiedenen Farbbereichen entsprechen (siehe Seite 54 links).

**Zapfen und Stäbchen**

Bei Menschen und Säugetieren löst der Wellenbereich zwischen 400 und 800 Nanometer im zentralen Nervensystem das Farbempfinden aus. In unserem Auge befinden sich auf der Netzhaut verschiedene Sinneszellen. Für das Farbensehen sind die sogenannten Zapfen zuständig, während die Stäbchen der Unterscheidung von hell und dunkel dienen.

**Schon gewusst?**

**Nicht alle Tiere können Farben sehen. Manche Tiere nehmen Farben aber auch etwas anders wahr. Bienen beispielsweise sehen kein Rot. Ihr Farbsichtbereich liegt mehr im ultravioletten Bereich.**

## Wie funktioniert ein Mikroskop?

Durch ein Mikroskop kann man Dinge betrachten, die so winzig sind, dass wir sie mit bloßem Auge kaum erkennen könnten. Das Wort Mikroskop leitet sich dementsprechend von altgriechisch „skopein“ – „betrachten“ und „mikros“ – „klein“ ab.

Es gibt heutzutage verschiedene Methoden, nach denen ein Mikroskop funktioniert.

Mit einem Mikroskop kann man sehr kleine Dinge untersuchen.

Die älteste Methode, die um 1600 entwickelt wurde, ist das Lichtmikroskop mit einer oder mehreren Glaslinsen. Mit ihnen können Einzelheiten bis zu 0,2 Mikrometer (0,0002 Millimeter) unterschieden werden.

### Es geht noch genauer

Noch viel genauer sind Elektronenmikroskope (derzeit etwa 0,1 Nanometer = 0,0000001 Millimeter). Das Objekt, das untersucht werden soll, wird dabei von einem Elektronenstrahl Stück für Stück abgetastet.

## Warum beschlagen bei Kälte die Fensterscheiben?

Wenn im Herbst oder Winter die Fenster beschlagen, sind sie nicht etwa plötzlich undicht geworden. Es handelt sich vielmehr um Kondenswasser. Entscheidend dafür sind der Unterschied von Innen- und Außentemperatur sowie die Luftfeuchtigkeit im Raum.

### Feuchte Luft

In der Luft ist immer Feuchtigkeit enthalten. Diese verteilt sich als unsichtbarer Wasserdampf in ihr. In der Nähe von Fenstern ist die Temperatur aber meist niedriger als im restlichen Zimmer. Die kalte Luft kann Wasser nicht so gut speichern wie warme und gibt es daher an die Umgebung ab.

Dieses Wasser kondensiert dann. Das heißt der Wasserdampf wird flüssig. Das passiert vor allem an kalten glatten Oberflächen, an denen sich mit der Zeit kleine Wassertröpfchen bilden.

Kondenswasser an einer Fensterscheibe

**Tipp!**

**Bei beschlagenen Fenstern hilft kein stundenlanges Lüften. Es ist besser, das Fenster kurz ganz weit zu öffnen und dann wieder zu heizen. Dieser Vorgang muss notfalls mehrfach wiederholt werden, bis die Feuchtigkeit nach draußen gelangt ist.**

## Wie überträgt die Computermaus eine Bewegung auf den Monitor?

Eine rote Computermaus

Die Computermaus ist als Eingabegerät und Befehlsgeber eines der wichtigsten Teile eines Computers.

Sie wird auf einer glatten Oberfläche hin und her bewegt. Dadurch wird auf dem Computerbildschirm der sogenannte Cursor, also der Mauszeiger, aktiviert.

**Eine kleine Kugel**

Ursprünglich befand sich auf der Unterseite der Maus eine Kugel, die sich beim Hin- und Herschieben drehte. Diese Bewegungen wurden dann an den Computer übertragen. So konnte jede Position der Maus mithilfe eines mathematischen Systems für den Bildschirm berechnet werden. Wegen der ständigen Verschmutzung der Kugel werden heute aber immer mehr optische Mäuse hergestellt. Bei diesen erfolgt die Berechnung der Position mithilfe mehrerer Lichtsignale.

**Schon gewusst?**

**Die erste Computermaus wurde 1963 von Douglas Carl Engelbart (*1925) entwickelt. Fünf Jahre später führte er sie einem Fachpublikum vor. Diese Erfindung war sehr wichtig, um einen Computer ganz einfach bedienen zu können.**

## Wie wird eine E-Mail versendet?

Das Wort E-Mail stammt aus dem Englischen und steht als Abkürzung für „electronic mail", was so viel bedeutet wie „elektronische Post". Von vielen wird sie als die wichtigste Funktion des Internets angesehen.

Eine E-Mail besteht aus dem sogenannten Header (Informationen zu Absender und Empfänger) und dem dazugehörigen Body mit der eigentlichen Nachricht.

E-Mail bedeutet so viel wie „elektronische Post".

**Und ab geht die Post**

Wenn man eine E-Mail versenden will, geht zunächst eine Anfrage an den Betreiber (Server) des E-Mail-Netzwerkes des Absenders. So sollen unerwünschte Spam-Mails eingedämmt werden. Dann lässt sich der Server beim DNS-(Domain Name System-)Server die E-Mail-Adresse des Empfängers bestätigen.

Der DNS-Server ist sozusagen die Auskunft, die über alle Internetadressen Bescheid weiß und jeden Computerstandort ausfindig machen kann. Erst jetzt wird die E-Mail an den Server des Empfängers weitergeleitet.

## Woher weiß das Telefon, wen ich anrufen möchte?

Die Verbindung zum gewünschten Gesprächsteilnehmer stellte früher das sogenannte Fräulein vom Amt her. Dabei mussten Kabel noch per Hand umgesteckt werden. Manchmal sieht man das noch in alten Filmen. Bei den vielen Millionen Telefonen, die es aber mittlerweile gibt, macht das natürlich ein Computer.

Jeder Telefonanschluss hat eine eigene Nummer.

**Am Anfang steht die Null**
Jedem Anschluss ist zu diesem Zweck eine Zahlenkombination zugeordnet. Dadurch kann der richtige Telefonanschluss genau ermittelt werden. Damit die Telefonnummern nicht zu lang werden, sind sie mehrfach vergeben. Sie werden jedoch durch die dazugehörige Vorwahl klar voneinander abgegrenzt. Nur wenn man innerhalb eines Telefonnetzes telefonieren will, benötigt man keine Vorwahl.

Damit der Computer erkennt, dass die eingegebene Telefonnummer mit einer Vorwahl beginnt, fangen alle Vorwahlnummern auf der ganzen Welt mit einer Null an. Wenn man ins Ausland telefonieren will, stehen sogar zwei Nullen am Anfang der Nummer.

## Wie funktioniert ein Handy?

An manchen Orten sind Handys verboten.

Handys funktionieren letztendlich wie Funkgeräte. Jedoch mit dem Unterschied, dass die Verbindungen aufgrund der hohen Anzahl an Handys über spezielle Mobilfunknetze hergestellt werden. Damit Handybesitzer wirklich überall erreichbar sind, ist ein riesiger technischer Aufwand nötig.

**Eigene Telefonnetze**
Jedes Handygespräch wird zunächst mit elektromagnetischen Hochfrequenzwellen an den nächsten Sendemast und die Basisstation des Betreibers weitergeleitet. Jede dieser Basisstationen ist in einer Funkzelle für den Empfang und die Weiterleitung von Gesprächen zuständig.

Da Handys über eigene Telefonnetze verfügen, muss bei jedem Anruf eine Vorwahl gewählt werden, auch wenn sich beide Telefonpartner in derselben Stadt oder sogar im gleichen Zimmer befinden.

## Dosentelefon

Im Grunde ist jedes Gespräch zwischen zwei Personen, die ein Stück voneinander entfernt sind und sich über Mikrofon oder Lautsprecher unterhalten, ein Telefongespräch. Ein solches Telefon kannst du dir auch selbst bauen. Natürlich muss man dafür zu zweit sein, denn allein kann man schlecht telefonieren.

**Dazu benötigst du:**

**zwei leere Konservendosen**
**eine feste, nicht zu dicke Schnur oder einen dicken Bindfaden**
**einen dünnen Nagel**
**einen Hammer**
**eine feste Unterlage**
**Papier, Stifte und Klebstoff zum Verzieren**

### Und so gehts:

Stellt beide Dosen mit der offenen Seite nach unten auf den Tisch. Am besten auf eine möglichst dicke Unterlage, damit der Tisch keine Dellen bekommt. Jetzt schlagt ihr mit Hammer und Nagel ein Loch in die Mitte des Dosenbodens.

Fädelt die Schnur durch beide Löcher und verknotet sie so, dass sich die Knoten innerhalb der Dose befinden. Die Schnur sollte möglichst lang sein, damit man die „Telefone" weit voneinander entfernt benutzen kann.

Allerdings muss die Schnur zwischen beiden Dosen gerade gespannt werden können. Denn um die Ecke funktioniert das Dosentelefon leider nicht. Ideal wäre natürlich eine Verbindung vom Balkon zum Hof oder quer durch den Garten.

Wenn die Schnur zwischen den Dosen gespannt ist und man jetzt in eine Dose hineinspricht, werden die Schallwellen am Dosenboden (dem Mikrofon) in mechanische Wellen umgewandelt und über den Faden weitergeleitet. An der anderen Dose (dem Lautsprecher) werden sie in Schallwellen zurückverwandelt und der Gesprächspartner kann die Nachricht hören.

Hallo?!

**Schon gewusst?**

**Bei einem richtigen Telefon werden übrigens die Schallwellen statt in mechanische in elektrische Wellen umgewandelt. Elektrische Wellen haben eine wesentlich weitere Reichweite und können vor allem auch um die Ecke fließen.**

## Wie funktioniert das Internet?

Seit 1991 gibt es das World Wide Web (WWW), das heute über zahllose Informationen auf vielen Milliarden Internetseiten verfügt. Jede Internetseite hat eine eigene Adresse, die man gezielt auswählen kann. Kennt man Internetseite und Adresse zu einer bestimmten Information nicht, kann man sich mithilfe einer Suchmaschine einen Überblick über das Internetangebot zu diesem Thema verschaffen.

**Der Webbrowser**
Die Verbindung zum Internet erhält man meist über den Telefonanschluss. Allerdings müssen die Signale erst durch ein spezielles Gerät in eine „Sprache" umgewandelt werden, die auch der Computer versteht. Diese Aufgabe übernimmt das Modem. Um an die Informationen aus dem Internet heranzukommen, braucht man ein Softwareprogramm, das die verschlüsselten Computerdateien für einen Menschen lesbar macht. Das ist der Browser. Die am häufigsten verwendeten Browser sind der Internet Explorer® und der Mozilla Firefox®, die ständig auf den neuesten Stand der Technik gebracht werden.

Unterwegs im Internet

## Woher kommt eine E-Mail-Adresse?

Es gibt viele verschiedene E-Mail-Adressen.

Auf keinem anderen Weg können Briefe oder andere Mitteilungen schneller in die ganze Welt verschickt werden als über das Internet. Und so ist das Versenden und Empfangen von E-Mails schon lange zum beliebtesten Internetdienst überhaupt geworden.

**Die eigene E-Mail-Adresse**
Voraussetzungen für das Versenden von E-Mails sind ein Onlineanschluss, die geeignete Software und eine eigene E-Mail-Adresse. Diese erhält man über einen Onlinedienstleister (den Provider). Wenn man keine Spezialleistungen dazubestellt, kostet sie auch nichts.

Sie besteht aus dem Benutzernamen, den man sich frei aussuchen kann, dem @-Zeichen (englisch „at" = „bei") und dem Server-Namen des Dienstleisters. Dadurch kann jede E-Mail einem genauen Postfach zugeordnet werden. Damit aber nicht jeder an das Postfach gelangen und die E-Mails lesen kann, ist es durch ein besonderes Passwort gesichert.

## Wie kommt das Bild in den Fotoapparat?

Die ersten Kameras wurden bereits in der ersten Hälfte des 19. Jahrhunderts entwickelt. Vom Prinzip her sind sie seit der damaligen Zeit weitgehend gleich geblieben. Allerdings wurden sie ununterbrochen verbessert und um etliche Funktionen erweitert.

### Alles steht kopf

Durch ein Objektiv fallen die Lichtstrahlen in das Innere des Fotoapparates. Dabei werden sie ähnlich wie bei unserem Auge (siehe Seite 17 links) durch die Linse gebündelt. Früher wurden die Motive von dort aus seitenverkehrt und auf dem Kopf stehend auf einen Film übertragen. Heute werden sie auf einem Chip gespeichert und wieder richtig herum gedreht.

Eine Digitalkamera

Will man Fotos auf Papier haben, kann man die Daten auf dem Chip selbst ausdrucken oder das Ganze auch von einem professionellen Fotodienst erledigen lassen.

**Schon gewusst?**

**Im Gegensatz zu einer Filmkamera nimmt ein Fotoapparat nur ein einziges Bild auf. Das Aufnahmeprinzip ist aber letztendlich das gleiche. Deshalb ist die Filmkamera auch eine Weiterentwicklung des Fotoapparates.**

## Wie kommen die Buchstaben in ein Buch?

Früher wurden die Buchstaben für ein Buch oder eine Zeitung noch per Hand gesetzt. Dabei musste der Setzer den ganzen Text einer Seite Buchstabe für Buchstabe in Spiegelschrift auf einer Druckvorlage montieren. Diese wurde dann mit einer Druckerpresse beliebig oft vervielfältigt. Heute werden die Seiten am Computer erstellt, bevor sie gedruckt werden.

**Schon gewusst?**

**Der Buchdruck wurde von Johannes Gutenberg (1400-1468) erfunden. Er war eine der wichtigsten Erfindungen für den Fortschritt und die geistige Entwicklung der Menschen in Europa. Das erste gedruckte Buch war übrigens die berühmte Gutenberg-Bibel.**

### Die Druckplatten

Bücher und Zeitschriften druckt man meist im sogenannten Offsetdruckverfahren. Hier sind die Druckplatten mit den Buchstaben gleichmäßig flach, aber die Stellen mit den Buchstaben haben eine andere Oberfläche als die Leerstellen. Deshalb nehmen sie Farbe an, die dann beim Drucken auf das Papier übertragen wird.

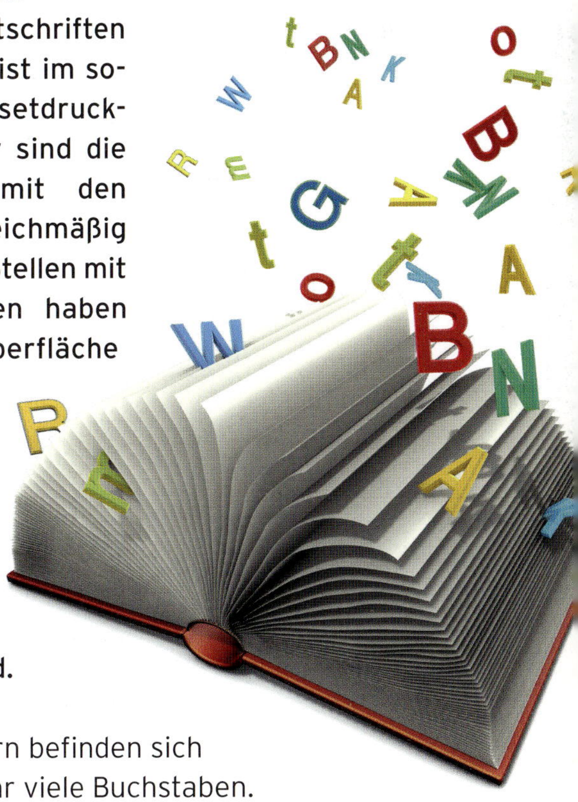

In Büchern befinden sich meist sehr viele Buchstaben.

## Wie kommt die Musik auf die CD?

Anfang der 1980er-Jahre begann man, Musik nicht mehr analog, sondern digital aufzuzeichnen. Früher wurden die Schallwellen in elektrische Spannung umgewandelt und aufgezeichnet (siehe Spalte rechts). Bei CDs funktioniert das Ganze anders.

**Vertiefungen und Flächen**

Zunächst werden die Schallwellen der Musik elektrisch aufgezeichnet. Danach tastet sie ein Analog-digital-Wandler ab und wandelt sie je nach Höhe um. Die Daten werden dabei in einer Abfolge winzig kleiner Vertiefungen und Flächen auf die CD aufgebracht. Dadurch können die Informationen länger gespeichert werden. Diese Abfolge kann später von einem CD-Player erkannt und wieder in Töne umgebildet werden.

Musik wird digital auf CDs gespeichert.

**Schon gewusst?**

**Eine DVD funktioniert im Prinzip wie eine CD, nur ist ihr Speicherumfang sehr viel höher. Auf eine DVD passt der Inhalt von mehr als 25 CDs!**

## Wie funktioniert ein Mikrofon?

Am Mikrofon

Durch ein Mikrofon werden Schallwellen in elektrische Wellen umgewandelt. Eine Membran (also eine dünne gespannte „Haut“) im Inneren des Mikrofons fängt die Schallwellen. Dabei wird sie in Schwingung versetzt. Diese Bewegungen werden an einen magnetischen Metallstift weitergeleitet.

Der Stift bewegt sich daraufhin in einer elektrischen Spule und ruft in ihr unterschiedlich hohe Spannungen hervor – je nachdem, mit wie viel Luftdruck die Schallwellen auf der Membran angekommen sind.

**Umgewandelte Musik**

Die elektrischen Spannungsschwankungen – also die umgewandelte Musik – können entweder auf einen Tonträger aufgezeichnet und gespeichert werden, oder aber man verwandelt sie direkt über einen Lautsprecher wieder in Schallwellen zurück.

## Warum überträgt das Radio schneller als der Fernseher?

Wenn Fußballspiele übertragen werden, kommen sie nicht überall gleich schnell an. Das ist besonders ärgerlich, wenn man schon von den Nachbarn den Torjubel hört, bevor man selbst das Tor gesehen hat.

In den meisten Haushalten kommen die Fernsehsignale über Antenne, Satellit oder Kabel auf dem digitalen Übertragungsweg. Das gibt ein besseres Bild, die Aufbereitung der Daten dauert allerdings etwas länger.

**Das Radio an erster Stelle**
Entscheidend ist aber das Endgerät, das die Daten entschlüsselt und dafür unterschiedlich lang braucht. Sehr nah an der tatsächlichen Zeit ist der Empfang der Daten mit analogem Kabelfernsehen.

Am schnellsten bekommt man aber die Tore in einer Radioübertragung mit. Hier müssen nämlich wegen der fehlenden Bilder am wenigsten Daten übertragen werden. Leider kann man jedoch Fernsehbild und Radiokommentar nicht zusammen abspielen.

Ein etwas älteres Radiomodell

## Wie kommt das Bild in den Fernseher?

Handelt es sich um einen Film oder eine bereits fertig aufgezeichnete Sendung, müssen die gespeicherten Daten nur noch auf den Weg vom Sender zum Zuschauer gebracht werden.

Bei einer Livesendung werden die aktuellen Bilder von außerhalb über Fernsehsatelliten aus der Erdumlaufbahn oder direkt aus dem Studio verschickt. Den Weg in unseren Fernseher finden beide dann auf die gleiche Weise.

Ein moderner Flachbildschirm

**Unzählige kleine Pünktchen**
Beim Fernsehsender bearbeitet man die Signale für die unterschiedlichen Transportwege. Über das Kabelnetz, einen Satelliten oder eine erdgebundene Antenne werden die Signale dann verschickt und gelangen in den Fernseher.

Hier steuern sie dann den Elektronenstrahl, der die Bilder auf dem Bildschirm wiedergibt. Diese Bilder bestehen eigentlich aus unzähligen kleinen Pünktchen, die unser Auge jedoch als komplettes Bild wahrnimmt.

## Wie funktioniert eine Luftpumpe?

Eine blaue Luftpumpe

Luftpumpen sind sehr praktisch, denn sie sparen zum Beispiel beim Aufblasen einer Luftmatratze viel Kraft und Zeit. In Bälle oder Fahrradreifen kann man mit ihrer Hilfe auch so viel Luft hineinpressen, dass der Druck im Inneren wesentlich höher ist als der normale Luftdruck draußen. Nur so wird beispielsweise ein Fahrradreifen durch das Gewicht des Fahrers nicht völlig platt gedrückt.

**Ziehen und drücken**

Die Luftpumpen, die normalerweise als Ball- oder Fahrradpumpen verwendet werden, sind Kolbenpumpen. Sie bestehen aus einem Rohr, in dem ein Kolben auf- und abbewegt wird. Wenn man den Kolben an einem Griff nach oben zieht, wird Luft in das Rohr gezogen. Drückt man ihn wieder hinunter, wird die Luft über das Ventil am unteren Ende in den Ball, die Luftmatratze oder den Reifen hineingepresst.

**Schon gewusst?**
**Mittlerweile gibt es sogar selbst aufblasbare Luftmatratzen, für die man gar keine Luftpumpe mehr benötigt.**

## Wie funktioniert ein Rasenmäher?

Früher wurde das Gras mit Sensen gemäht. Heute macht man das an steilen Hängen, an denen man mit keinem Rasenmäher fahren kann, immer noch.

Die Schneidemesser befinden sich unter dem Rasenmäher.

Die Schneidemesser sind bei dieser Art von Rasenmäher auf einer Spindel befestigt, die sich dreht. Sie schneiden das Gras ähnlich wie eine Schere.

Um einen schönen Rasen zu erhalten, waren in großen Gartenanlagen oder Parks ständig bis zu 50 Leute im Rasenmäher-Dauereinsatz. Deswegen wurde 1830 von Edwin Beard Budding (1795–1846) der erste Spindel-Rasenmäher erfunden.

**Gute Qualität**

Noch heute funktionieren die meisten Rasenmäher nach dem Spindelprinzip. Sie werden hauptsächlich dort eingesetzt, wo es auf die gute Beschaffenheit des Rasens ankommt, ganz besonders also auf Sportplätzen.

**Schon gewusst?**
**Rasenmäher, die mit Benzin betrieben werden, sind sehr umstritten. Sie produzieren nämlich im Verhältnis noch wesentlich mehr Abgase als Autos.**

## Warum wippt die Wippe?

Eine Wippe besteht aus einem festen, nicht allzu hohen Mittelteil, an dem ein beweglicher, waagrechter Balken mit Haltegriffen befestigt ist. Zum Wippen müssen beide Seiten im Gleichgewicht sein.

**Unterschiedlich schwere Personen**
Setzt sich ein Kind auf das eine Ende des Balkens, wird dieser durch das Gewicht nach unten gedrückt. Wenn am anderen Ende jemand sitzt, der etwa das gleiche Gewicht hat, kann die Wippe durch leichtes Abstoßen mit den Füßen in Bewegung versetzt werden.

**Schon gewusst?**
**Der Wippvorgang beruht auf der Hebelwirkung, die schon seit Archimedes (287-212 vor Christus) bekannt ist. Daher kommt auch die Redewendung „Am längeren Hebel sitzen".**

Wollen unterschiedlich schwere Personen miteinander wippen, zum Beispiel Mutter und Kind, muss sich die schwerere Person näher zur Mitte hinsetzen.

Auf dem Kinderspielplatz

## Warum kommt ein Bumerang zurück?

Bumerangs sind L-förmige Wurfhölzer mit gleich langen Armen. Wenn man sie wirft, wirkt eine ganze Reihe verschiedener Kräfte auf sie. Einerseits bewegt sich der Bumerang im Flug vorwärts. Gleichzeitig dreht er sich aber auch um die eigene Achse.

**Einmal im Kreis**
Den Auftrieb erhält er durch die Form seiner „Flügel" (siehe Seite 68 links), die denjenigen eines Flugzeugs gleichen. Allerdings bewegen sich die Arme des Bumerangs fast senkrecht durch die Luft und nicht waagrecht. Deshalb wird er zur Seite gezogen. Wenn man ihn richtig wirft, fliegt der Bumerang im Kreis und kommt schließlich wieder zum Werfer zurück.

Ein Bumerang muss richtig geworfen werden, damit er wieder zurückkommt.

**Schon gewusst?**
**Die traditionellen australischen Bumerangs, die Kylies, sind Jagdwaffen, die nicht zu ihrem Besitzer zurückkehren. Sie sind wesentlich weniger gebogen und können deshalb viel zielgenauer, geradliniger und weiter fliegen als ein Rückkehr-Bumerang.**

## Warum fallen wir bei einem Looping nicht aus der Achterbahn?

Eine große Achterbahn

Dafür sorgt (auch wegen der hohen Geschwindigkeit) die Trägheit. Das liegt daran, dass jeder Körper, der gerade unterwegs ist, seine Richtung beibehalten will. Anstatt der Schwerkraft zu folgen und herunterzufallen, wollen Achterbahn und Körper weiter geradeaus fahren. Deshalb werden sie gegen die Schienen und Sitze gepresst, während die Gleise sie zur Richtungsänderung nach oben zwingen.

Bei einer Looping-Achterbahn befindet man sich zeitweise mit dem Kopf nach unten im Wagen. Dennoch besteht keinerlei Gefahr, dass man aus ihm herausfällt. Und auch der Achterbahnzug kann bei dem Überschlag nicht aus den Gleisen herausgeschleudert werden.

**Schon gewusst?**
**Eine der ersten Achterbahnen mit Looping gab es bereits 1895 in einem Vergnügungspark auf Coney Island in New York.**

## Warum sind Seifenblasen rund?

Seifenblasen sind niemals eckig, sondern immer rund. Die Seifenhülle strebt nämlich danach, die in ihr enthaltene Luft mit einer möglichst kleinen Hülle zu umgeben. So ist sie besser vor dem Platzen geschützt.

Denn je kleiner die Oberfläche der Blase ist, desto dicker ist ihre Wand und desto kleiner ist die Spannung, die auf ihrer Oberfläche lastet.

**Seifenblasen selbst herstellen**
Seifenblasenflüssigkeit kann man übrigens leicht selbst herstellen. Dazu benötigst du etwa 300 Milliliter destilliertes Wasser, 90 Milliliter Spülmittel sowie 40 Milliliter Maissirup. Diesen kannst du im Reformhaus kaufen. Zuerst vermischst du alles miteinander. Dann musst du die Flüssigkeit mindestens vier Stunden ruhen lassen. Danach kannst du schöne große Seifenblasen erzeugen.

Seifenblasen sind rund.

Je größer der Pustering ist, desto größer werden die Seifenblasen. Du kannst ihn leicht selbst herstellen, indem du ein Stück Draht zu einem Kreis biegst und eng mit Baumwollfaden umwickelst.

## Warum ist Feuerwerk bunt?

Bestimmt hast du schon einmal ein Feuerwerk zu Silvester beobachtet. Dann erstrahlt der Himmel in den schönsten Farben und es entstehen tolle Effekte durch Raketen und Feuerwerkskörper. Doch warum leuchten die Raketen mal rot, mal grün und dann glitzern sie wieder silbrig?

### Viele Leuchteffekte

Zu einer Feuerwerksrakete gehört neben dem Treibsatz (Schwarzpulver) auch der sogenannte Effektsatz. Dazu gehören Lichteffekte, Geräuscheffekte, Rauch und künstlicher Nebel.

**Tipp!**
**In verschiedenen Städten finden alljährlich Feuerwerksfestivals statt, bei denen die besten Feuerwerker antreten und dem staunenden Publikum Feuerwerkskunst der Extraklasse bieten: zum Beispiel beim „Sternenzauber“ in Leipzig, bei „Flammende Sterne“ in Gera oder beim Internationalen Feuerwerkswettbewerb in Hannover.**

Um die unterschiedlichen Leucht- und Farbeffekte zu erzeugen, werden dem Schwarzpulver verschiedene Stoffe beigemischt: Natriumsalz (gelb), Kalzium (orangerot), Kupfer (smaragdgrün), Blei (hellblau), Aluminium (silbern) oder Eisen (golden).

Ein buntes Feuerwerk

## Wieso krachen Silvesterknaller?

Neben Feuerwerksraketen gibt es auch Knaller, Böller oder Kracher, bei denen es nur darauf ankommt, dass sie möglichst laut knallen. Sie bestehen aus einer Hülle geleimten Papiers und enthalten einen schwachen Explosivstoff, in der Regel Schwarzpulver.

Ein grüner Knallfrosch

### Schnell unterwegs

Wenn man einen Kracher zündet, strömen Verbrennungsgase aus, die Überschallgeschwindigkeit erreichen und dann entsprechend krachen. Zu den größeren Knallern gehören die Kanonenschläge. Sie sind meist würfelförmig und zur Verstärkung der Hülle mit Fäden umwickelt.

**Achtung!**
**In Deutschland darf man immer nur am 31. Dezember und am 1. Januar Feuerwerkskörper zünden – egal ob Raketen oder Silvesterkracher. Wer sich nicht daran hält, muss mit hohen Geldstrafen rechnen. Ein Feuerwerk außerhalb dieses Zeitraums braucht immer eine Sondergenehmigung. Böller der Klasse eins dürfen schon ab zwölf Jahren benutzt werden, für alles andere muss man 18 Jahre alt sein.**

## Warum knallt die Peitsche?

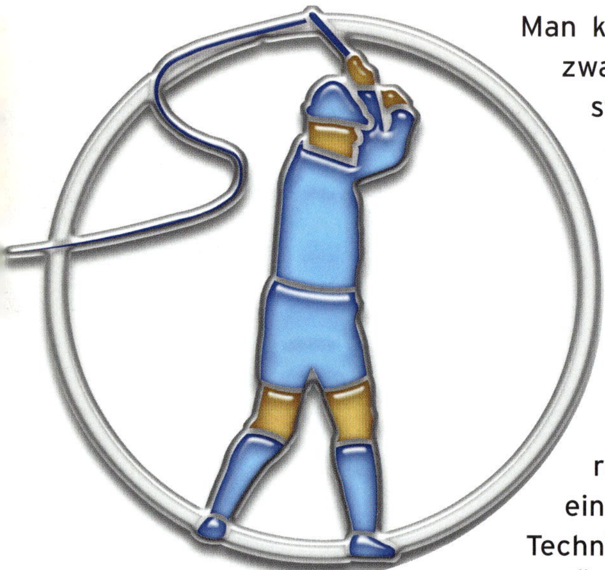

Ein Goaßlschnalzer

Man kann sich das zwar kaum vorstellen, aber in der Tat entsteht das Knallen einer Peitsche durch einen Überschallknall. Dazu gehören natürlich eine ausgefeilte Technik und jahrelange Übung.

**Eine U-förmige Schlaufe**

Eine Peitsche besteht aus einem festen Stiel, an dem ein (Leder-)Seil befestigt ist, das zur Spitze hin dünner wird. Die Peitsche wird nun so geschwungen, dass sich in dem Seil eine u-förmige Schlaufe bildet.

Während diese Schlaufe bis zum Endstück der Peitsche weiterwandert, nimmt sie eine unglaublich hohe Geschwindigkeit auf. Wenn sie sich dann öffnet, erreicht das Endstück Überschallgeschwindigkeit und verursacht einen ziemlich lauten Knall (siehe Seite 101 unten).

### Erinnerst du dich noch?

**Besonders im bayerischen Raum gehören sogenannte Goaßlschnalzer häufig zum Programm auf Volksfesten. Kein Wunder also, dass das Peitschenknallen in ganz Deutschland durch die Eröffnungsfeier zur Fußballweltmeisterschaft 2006 in München bekannt geworden ist.**

## Wie stellt man Luftballons her?

Normalerweise werden Luftballons aus Naturkautschuk hergestellt. Das ist ein natürliches Material, das den Grundstoff für Gummi bildet. Außerdem gibt es Ballons aus einer speziellen silbrigen Folie, die eine vorgegebene Größe haben und deshalb nicht wirklich aufgeblasen, sondern nur mit Luft befüllt werden. Diese Folienballons sind wiederverwendbar, da sie über ein Ventil verschlossen und geöffnet werden können.

Viele bunte Luftballons

**Ein spezielles Gas**

Man kann Luftballons mit dem Mund aufblasen. Allerdings können sie dann nicht fliegen. Zu diesem Zweck werden sie mit einem speziellen Ballongas (Helium) gefüllt.

Luftballons müssen aber weniger wiegen als die Luft, die sie verdrängen. Sonst können sie nicht abheben. Wenn sie also zu wenig aufgeblasen werden, ist das Gewicht der Ballonhülle im Verhältnis zu seinem Volumen zu groß.

## Wie kommen die Töne aus dem Klavier?

Das Klavier gehört einerseits zu den Tasteninstrumenten. Aufgrund der Art, wie es Töne erzeugt, zählt man es aber auch zu den Saiten- und zu den Schlaginstrumenten. Jeder Ton wird über eine eigene Taste gesteuert. Dadurch setzen sich kleine, mit Filz überzogene Hämmerchen in Bewegung, die gegen Metallsaiten schlagen und sofort wieder zurückprallen.

Die Tasten eines Klaviers

**Die Saiten eines Klaviers**

Für jeden Ton gibt es eine eigene Saite. In den höheren Tonlagen ist das Klavier sogar mehrchörig, das heißt, es werden pro Ton zwei oder drei Saiten angeschlagen. Damit durch die Schwingung der angeschlagenen Saite nicht auch die übrigen Saiten in Schwingung geraten, sind alle mit Dämpfern versehen. Diese lösen sich nur so lange, wie auch die betreffende Taste gedrückt bleibt.

**Schon gewusst?**

**Eine Spezialform des Klaviers ist der Flügel. Bei ihm ist der Resonanzkasten waagrecht. Um den Klang zu verstärken, wird bei Konzerten meist noch der Deckel geöffnet.**

## Wie entstehen die Töne beim Flötespielen?

Die Flöte gehört zu den Holzblasinstrumenten, auch wenn Flöten für Kinder manchmal aus Kunststoff hergestellt sind.

Ein Mädchen spielt Blockflöte.

Ihr Klang wird durch einen Luftstrom erzeugt. Dieser entsteht, wenn man in die Flöte hineinbläst. Die Luft strömt weiter über die Anblaskante und gerät so in Schwingung.

**Mit oder ohne Spalt**

Nun gibt es zwei unterschiedliche Varianten: Einerseits die Flöte ohne den sogenannten Kernspalt, bei der die Anblaskante die obere Kante des Flötenrohres ist (Querflöte, Panflöte). Andererseits die Flöte mit Kernspalt, bei der der Luftstrom zunächst noch durch einen Windkanal strömt und erst innerhalb des Mundstücks die Anblaskante erreicht (Blockflöte).

Unterschiedlich hohe Töne erhält man, indem man mit den Fingern die verschiedenen Öffnungen auf dem Flötenrohr verschließt. Dadurch wird die Strecke, auf der die Luft in der Flöte schwingt, verlängert oder verkürzt und die Töne tiefer oder höher.

## Wissenstest

**Was hast du alles aus dem Buch gelernt?
Mit diesem Quiz kannst du dein Wissen testen.**

**1. Wie lange dauert es ungefähr, bis eine Mahlzeit verdaut ist?**
a) 24 Stunden
b) Zwei Tage
c) 60 Minuten

**2. Wo befindet sich der Katalysator eines Autos?**
a) Unter der Motorhaube
b) Im Auspuff
c) Im Motor

**3. Was ist ein Meteorologe?**
a) Ein Wetterforscher
b) Ein Vermessungstechniker
c) Ein Facharzt

**4. Wer erfand den Buchdruck?**
a) Friedrich Schiller
b) Johannes Gutenberg
c) Johann Wolfgang von Goethe

**5. Welches Sinnesorgan ist für den Menschen am wichtigsten?**
a) Die Nase
b) Das Ohr
c) Das Auge

**6. Wo überwintern Amphibien?**
a) Am Boden eines Gewässers
b) Im Gebüsch unter Blättern
c) In einer leeren Baumhöhle

**7. Wo wurde die erste deutsche Ampel in Betrieb genommen?**
a) In München
b) In Berlin
c) In Hamburg

**8. Woraus besteht Popcorn?**
a) Aus Reiskörnern
b) Aus Maiskörnern
c) Aus Weizenkörnern

**9. Was ist das Goaßlschnalzen?**
a) Ein bayerischer Brauch
b) Ein typisch bayerisches Gericht
c) Ein bayerisches Musikinstrument

**10. Was ist das größte Organ des Menschen?**
a) Die Lunge
b) Der Magen
c) Die Haut

**11. Was ist eine Fata Morgana?**
a) Eine exotische Pflanze
b) Eine Luftspiegelung
c) Ein indisches Gericht

**12. Was ist Helium?**
a) Ein Edelstein
b) Ein Edelgas
c) Ein Edelmetall

**13. Was befindet sich in den Höckern der Kamele?**
a) Wasser
b) Luft
c) Fett

**14. Aus welcher Zeit stammt das Wort Brille?**
a) Aus dem letzten Jahrhundert
b) Aus der Antike
c) Aus dem Mittelalter

**15. Wo befindet sich der Drei-Schluchten-Staudamm?**
a) In den USA
b) In China
c) In Saudi-Arabien

**16. Was ist ein Thermostat?**
a) Ein Temperaturregler
b) Eine Temperaturanzeige
c) Ein Temperaturmessgerät

**17. Wie verständigen sich Bienen untereinander?**
a) Sie summen unterschiedlich laut.
b) Sie führen einen Tanz auf.
c) Sie wackeln mit dem Hinterleib.

**18. Wonach ist das Martinshorn benannt?**
a) Nach dem heiligen Martin
b) Nach dem Erfinder
c) Nach Martin Luther

**19. Was passiert beim Treibhauseffekt?**
a) Pflanzen wachsen besser.
b) Die Erde erwärmt sich.
c) Fensterscheiben beschlagen.

**20. Wie wird Wackelpudding noch genannt?**
a) Teufelsbraten
b) Engelsschmaus
c) Götterspeise

**21. Wie viele Liter Wasser verbraucht man ungefähr an einem Tag?**
a) 120 Liter
b) Zehn Liter
c) 50 Liter

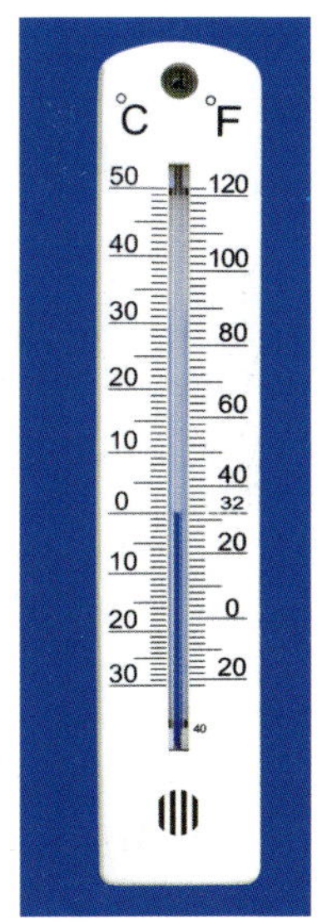


**22. Aus welchem Land stammt die Schokolade?**
a) Aus Nordamerika
b) Aus Mittelamerika
c) Aus Südamerika

**23. Was befindet sich oft in Thermometern?**
a) Blattgold
b) Zinnbronze
c) Quecksilber

# Quiz

## Lösungen

**1 a)** Die Verdauung einer kompletten Mahlzeit dauert etwa 24 Stunden.

**2 b)** Der Katalysator im Auto besteht aus einem wabenförmigen Porzellanteil, das in den Auspuff eingebaut ist.

**3 a)** Ein Meteorologe ist ein Wissenschaftler, der das Wetter und Klima erforscht.

**4 b)** Der Buchdruck wurde von Johannes Gutenberg (1400–1468) erfunden. Das erste gedruckte Buch war die berühmte Gutenberg-Bibel.

**5 c)** Der Sehsinn ist für uns der wichtigste Sinn. Denn wir Menschen sind „Augentiere".

**6 a)** In Nord- und Mitteleuropa müssen sich Amphibien zum Überwintern frostfreie Plätze im Boden oder am Grund eines Gewässers suchen.

**7 c)** Die erste Ampel der Welt gab es 1868 in London. In Deutschland aber wurde die erste Ampel 1922 in Hamburg in Betrieb genommen.

**8 b)** Popcorn besteht aus Maiskörnern. Um Popcorn selbst herzustellen, brauchst du speziellen Popcornmais.

**9 a)** Das Goaßlschnalzen ist ein bayerischer Brauch. Dabei schnalzen mehrere Männer mit ihrer Peitsche und erzielen so verschiedene Knallfolgen.

**10 c)** Mit fast zwei Quadratmetern ist die Haut das größte und eines der empfindlichsten Organe des Menschen.

**11 b)** Eine Fata Morgana ist nichts anderes als eine Luftspiegelung. Der Name stammt übrigens aus dem Italienischen und bedeutet so viel wie „die Fee Morgana".

**12 b)** Helium zählt zu den sogenannten Edelgasen. Es ist auch unter dem Namen Ballongas bekannt, weil damit oft Luftballons aufgeblasen werden.

**13 c)** In den Höckern der Kamele befinden sich Fettreserven.

**14 c)** Das Wort Brille stammt aus der Zeit des Mittelalters. Denn damals wurden Linsen aus dem Mineral Beryll angefertigt, die „Berillen".

**15 b)** Der Drei-Schluchten-Staudamm befindet sich in China und wurde nach einer zwölfjährigen Bauzeit 2006 fertiggestellt.

**16 a)** Ein Thermostat ist ein Gerät, mit dem man die Temperatur regeln kann. Thermostate gibt es beispielsweise an Bügeleisen, Heizkörpern oder im Backofen.

**17 b)** Wenn Bienen eine Stelle mit besonders vielen Blumen gefunden haben, fliegen sie zurück zum Bienenstock und informieren die anderen Bienen darüber. Dabei führen sie einen Tanz vor.

**18 b)** Folgetonhörner wurden in Deutschland ab den 1930er-Jahren von der Deutschen Signal-Instrumenten-Fabrik Max B. Martin in großem Umfang hergestellt.

**19 b)** Der natürliche Treibhauseffekt wirkt ähnlich wie eine riesige Klimaanlage. Weil aber durch immer mehr Industrie- und Autoabgase zusätzliche Treibhausgase entstehen, erwärmt sich die Erde immer mehr.

**20 c)** Wackelpudding ist eine Süßspeise aus Gelatine und Zucker sowie Aroma- und Farbstoffen. Im Supermarkt findet man ihn oft auch unter der Bezeichnung Götterspeise.

**21 a)** Durchschnittlich verbraucht jeder Deutsche mehr als 120 Liter Wasser an einem Tag. Geh also besser sparsam mit dem Wasser um!

**22 b)** Die Schokolade stammt ursprünglich aus Mittelamerika, wo bereits die Azteken und Maya aus den Kakaobohnen Getränke zubereiteten.

**23 c)** In Thermometern verwendet man gerne Quecksilber als Thermometerflüssigkeit.

# Erklärungen

**Absorbieren:** Licht kann absorbiert oder „verschluckt" werden. Schwarze Gegenstände absorbieren Licht. Weiße Gegenstände reflektieren Licht, werfen es also wieder zurück.

**Ampere:** Einheit der elektrischen Stromstärke

**Amphibien:** Wirbeltiere, die sowohl im Wasser als auch an Land leben

**Aminosäuren:** Eiweißbausteine im Körper

**Analoges Signal:** Signal, das stufenlos und ohne Unterbrechung alle Werte einer Information überträgt

**Atmosphäre:** Gasförmige Hülle um die Erde

**Atom:** Kleinste Einheit eines chemischen Elements

**Brennpunkt:** Punkt, in dem eine Linse alle parallelen Lichtstrahlen sammelt

**Chromosomen:** Fadenförmige Gebilde in den Zellkernen, die Erbinformationen enthalten

**Digitales Signal:** Signal, das alle Werte einer Information in Zahlen überträgt

**Drehzahl:** Bei Kfz-Motoren die Anzahl der Umdrehungen, die die Kurbelwelle in einer Minute schafft

**Drossel:** Gerät in Form einer Spule, mit dem beispielsweise Strom oder Druck gedämpft werden können

**Elektrischer Widerstand:** Elektrisches Bauelement, mit dem man die Stromzufuhr in einem Gerät regeln kann

**Elektromagnet:** Spule, durch die elektrischer Strom geschickt wird. Auf diese Weise kann ein Magnetfeld erzeugt werden.

**Elektromagnetische Wellen:** Wellen aus elektrischen und magnetischen Feldern, zum Beispiel Radiowellen, Röntgenstrahlen, UV-Strahlen

**Elektron:** Negativ geladenes Elementarteilchen

**Elektrostatische Aufladung:** Aufladung eines Materials durch Reibung. Sie entsteht zum Beispiel, wenn man einen Luftballon an den Haaren reibt.

**Embryo:** Das Baby (auch bei Tieren) in einem sehr frühen Abschnitt seiner Entwicklung, während es sich noch im Bauch der Mutter oder im Ei befindet

**Emulsion:** Gemisch aus zwei Flüssigkeiten, die sich nicht miteinander vermischen lassen, zum Beispiel Öl in Wasser. Dabei wird die eine Flüssigkeit in Form von Tröpfchen in der anderen verteilt.

**Enzym:** Eiweißverbindungen, die biochemische Reaktionen im Körper bewirken und beschleunigen

**Fluoreszenz:** Eigenschaft bestimmter Stoffe, bei Bestrahlung durch Licht selbst zu leuchten.

**Gelatine:** Geschmack- und farblose Substanz, die zum Eindicken von Speisen verwendet wird

**Kalorie:** Maßeinheit für den Energiewert von Lebensmitteln

**Kapillaren:** Winzig kleine Blutgefäße

**Kieselsäure:** Das Element Silicium in Verbindung mit Wasser

**Kohlendioxid:** Farb- und geruchloses Gas, das zum Beispiel bei der Atmung entsteht

**Kohlenhydrate:** Verbindungen aus Kohlenstoff, Sauerstoff und Wasserstoff, zum Beispiel Zucker oder Stärke

**Kompressor:** Apparat zum Verdichten von Gasen

**Kondensation:** Ein Gas oder Dampf wird durch Abkühlung flüssig.

**Konservierungsmittel:** Stoffe, die Lebensmittel länger haltbar machen

**Mikroorganismus:** Kleinste Lebewesen

**Milchsäure:** Wichtiges Zwischenprodukt beim Stoffwechsel

**Molekül:** Kleinstes Teilchen eines chemischen Stoffes, das aus zwei oder mehreren Atomen besteht

**Natron:** Natriumsalz der Kohlensäure, das zum Beispiel im Backpulver vorkommt

**Oxidation:** Chemische Verbindung eines Stoffes mit Sauerstoff

**Partikel:** Sehr kleines Teilchen

**Patent:** Urkunde über das alleinige Nutzungsrecht einer Erfindung

**Pellets:** Brennstoff in Form von kleinen Holzstäbchen

**Pigment:** Farbstoff im Gewebe von Mensch, Tier und Pflanze

**Prisma:** Körper aus einem lichtbrechenden Stoff, der Lichtstrahlen ablenken kann

**Raffination:** Reinigung und Veredelung von Stoffen

**Spurenelemente:** Chemische Elemente, die nur in sehr geringen Mengen im Körper vorkommen, jedoch von großer Bedeutung sind

**Stoffwechsel:** Chemische Vorgänge im Körper eines Lebewesens, zum Beispiel die Atmung oder Verdauung

**Thermostat:** Automatischer Temperaturregler

**Trägheitskraft:** Kraft, die zum Beispiel beim Beschleunigen und Abbremsen auf eine Person in einem Auto wirkt

**Turbine:** Kraftmaschine

**Volumen:** Rauminhalt eines Körpers

**Zylinder:** Ein röhrenförmiger Hohlkörper einer Maschine, in dem sich ein Kolben auf und ab bewegt

# Register

# Bildnachweis

**iStockphoto.com:** ABDESIGN: S. 76 u. / arturoli: S. 65 o. / caraman: S. 115 o. / GeorgeClerk: S. 101 l. / ivkuzmin: S. 84 o. / jamesbenet: S. 50 u. / myshkovsky: S. 8 l. / Rohde, Amanda: S. 47 m. / shishic: S. 51 r. / sjlocke: S. 102 o. / slobo: S. 116 r. / tap10: S. 72 o. / trigga: S. 79 l.o.

**www.fotolia.de:** A.Dreher: S. 136 u. / Adakale, Cemil: S. 107 u. / Adam Greiner, Anja: S. 21 r. / ag visuell: S. 5 / aldorado: S. 145 l. / Alex: S. 142 o. / aljoscha-foto: S. 63 l. / Amat, Aaron: S. 61 l.o. / anderssehen: S. 96 u., 155 l. / Andreas F.: S. 38 r. / AndreasG: S. 113 r. / ANK: S. 143 o.r. / Anyka: S. 48 u. / Arestov, Andrew: S. 73 l. / arnowssr: S. 83 r. / AZPworldwide: S. 3 /babimu: S. 11 o. / Bain, Kitch: S. 61 l.m. / bananka: S. 113 2.v.l.u. / Bandmann, Stephanie: S. 121 l. / Barbone, Marilyn: S. 87 u. / Barriera, Michael: S. 28 r. / Beier, Ralf: S. 41 o. / Bellers, Lance: S. 147 o. / Biczó, Zsolt: S. 18 r. / BK: S. 15 l. / Blaker, Richard: S. 77 l. / Blue-Fox: S. 77 r. / Bogdanski, Yvonne: S. 28 l. / Brunsch, Sandra: S. 41 u. / Buehner, Matthias: S. 131 o. / Carolina K Smith MD: S. 81 r. / Chabraszewski, Jacek: S. 12 o., 22 u., 144 o. / chickenstock: S. 138 u. / chribier: S. 75 o. / chriskuddl/zweisam: S. 59 r. / Claus, Rainer: S. 46 u. / clearviewstock: S. 146 r. / Cmon: S. 125 l. / Comugnero, Silvana: S. 102 u. / contrastwerkstatt: S. 20 r. / Coprid: S. 129 m. / Creative images: S. 19 l. / Damkier, Mikael: S. 80 l. / Dark Vectorangel: S. 147 u. / Davis, Cheryl: S. 86 o. / Demchishina, Olga: S. 36 l. / DeVIce: S. 151 u. / Digitalpress: S. 110 r. / Dinadesign: S. 140 r. / DIREKTHIER: S. 95 o. / DJ: S. 82 u. / Dot Com: S. 29 l. / drubig-photo: S. 14 r. / dunadicarta: S. 89 l. / Eisenhans: S. 107 o., 117 u., 123 o. / Eisenlohr, Martine A: S. 58 l. / Elliott, Marc: S. 67 / Eppele, Klaus: S. 25 u., 122 o. / erectus: S. 51 l. / ermejoncqc: S. 31 r. / ExQuisine: S. 30 o. / F.H.M.: S. 59 l. / Falk: S. 129 m. / Falkiewicz, Henryk: S. 129 o. / fidelio: S. 153 u. / Figge, Anne Katrin: S. 113 1.v.l.u. / fonto: S. 44 l. / fotografiche.eu: S. 143 m. / fotos4people: S. 100 r. / frankoppermann: S. 132 o. / Galaiko, Sergey: S. 27 r. / Gelpi, Jose Manuel: S. 139 u. / gl0ck: S. 116 l. / godfer: S. 18 l. / Gosch, Ralf: S. 99 r. / Gössing, Markus: S. 64 r. / Harrison, Margo: S. 105 u. / Hayashi, Sergio: S. 22 o. / Heiligenstein, Marc: S. 150 o. / Heim, Ramona: S. 66 o. / HLPhoto: S. 85 o. / HU, Harry: S. 68 l. / ILonika: S. 55 o. / imagebos: S. 145 r., 154 l. / ingwio: S. 88 u. / Io foto: S. 6 r. / Isselée, Eric: S. 74 o. / Janni: S. 132 u. / Jedendva: S. 90 l. / Jenseman04: S. 148 o. / Jones, Glen: S. 125 r. / Kaarsten: S. 135 o. / Karcich, Scott: S. 23 / Kempf, Michael: S. 14 l. / Kirsanov, Valeriy: S. 75 u. / Kneschke, Robert: S. 93 / Knies, Stefan: S. 137 o. / Koboldmaki: S. 85 u. / Kokarev, Ruslan: S. 106 u. / Kokhanchikov: S. 4 r. / Kolesnikov, Sergey: S. 17 u. / Koller, Katrin: S. 81 l. / KoMa: S. 64 l. / Körber, Stefan: S. 149 u. / Kraskov, Veniamin: S. 148 u. / Krüttgen, Matthias: S. 98 l. / Kühl, Nicole: S. 70 u. / LaCatrina: S. 142 u. / lassedesignen: S. 55 u. / Lehotkay, Martin: S. 124 u. / Leuker, Stefanie: S. 129 u. / Loskutnikov, Maxim: S. 137 u. / Luis: S. 88 o. / Lykova, Tatyana: S. 141 o. / M&M: S. 118 l. / m.arc: S. 17 o. / M.Rosenwirth: S. 108 o. / MacFarlane, David: S. 91 o. / Magalice: S. 66 u. / MarkFGD: S. 15 m. / mattilda: S. 127 u. / mibPhoto: S. 131 u. / Milert, Roman: S. 97 r. / Minaev, Sergey: S. 61 r. / mirpic: S. 52 o. / mohaa: S. 123 u. / Mostovoy, Sergey: S. 53 l. / MP2: S. 15 r. / nali: S. 94 l. / Nik: S. 143 o.l. / Niklas, Helmut: S. 38 u., 136 o., 152 o. / NilsZ: S. 36 u. / NinaMalyna: S. 117 o. / Noam: S. 10 l. / Nyshko, Leonid: S. 34 o. / Olga Lyubkina: S. 118 r. / OOZ: S. 7 l. / outdoorsman: S. 71 o. / Paylessimages: S. 57 r. / PeJo: S. 9 r., 98 r. / Perialis, Nikos: S. 108 u. / Petrovic, Uros: S. 149 r. / photka: S. 13 l. / Photosani: S. 43 / Picture Partners: S. 36 r. / Picturenick: S. 60 l. / pink candy: S. 33 u., 143 l.u., r.u. / Pixi: S. 146 l. / Ponomarev, Sergio: S. 60 u. / pressmaster: S. 16 o. / r3bel: S. 152 l., 154 r. / Radivoje: S. 19 r. / raven: S.113 2.v.l.o. / Reicher: S. 6 l. / Richter, Bernhard: S. 119 o. / Richter, Stefan: S. 82 o. / roadrunner: S. 114 r. / robertoo: S. 104 r. / Roche, Mark: S. 38 o. / Rumkugel: S. 92 u. / S.White: S. 7 r. / Samara, Anatoliy: S. 35 o. / Sascha F.: S. 62 u. / Saulyte, Ruta: S. 126 r. / Schmidt, Guido: S. 92 o. / Schon, Thorsten: S. 37 u. / Schweitzer, Elena: S. 34 u. / scusi: S. 96 o. / seite3: S. 151 o. / Serdyuk, Sergiy: S. 95 u. / shadowvincent: S. 30 u. / Shebeko, Maksim: S. 103 / Slingerland, Marc: S. 47 l. / Smokovski, Ljupco: S. 4 o., 20 l., 69 o., 104 l. / staphy: S. 46 o. / Steen, Sandra van der: S. 89 r. / Steiner, Carmen: S. 105 o. / Sticksnapper: S. 33 o. / SyB: S. 115 u. / Taffi: S. 11 o. / Taranczuk, Andi: S. 74 u. / TheGame: S. 133 o. / ThinMan: S. 27 l. / TimurD: S. 61 l.u. / titimel35: S. 52 u. / Tolstich, Wladimir: S. 26 o. / tom: S. 57 l. / tommyS: S. 4 u.l. / tournee: S. 97 l. / Tsvetkova, Yana: S. 144 u. / v2: S. 56 u. / Veen, Andre van der: S. 62 o. / Vincom: S. 109 u. / visuelldesign: S. 94 r. / Volassyuk, Alexandr: S. 112 r. / Vulkanisator: S. 49 u. / Werkmann, Bertold: S. 111 u. / Werner Hilpert: S. 134 o. / Winzer, Martin: S. 141 u. / Wöhrlin, Conny: S. 32 r. / Wrangel, Vladimir: S. 71 u. / Xerye: S. 78 u. / Yakobchuk, V.: S. 21 l. / Young, Jason: S. 121 r., 155 r. / yukosourov: S. 130 u. / Zhiltsov, Alexander: S. 73 r. / zimmytws: S. 45 l. / Zuboff: S. 106 o. / Zuboff: S. 9 l.

**www.pixelio.de:** Beßler, Maren: S. 80 o. / berwis: S. 32 l. / BirgitH: S. 78 o., 112 u. / Caspary, TiM: S. 54 r. / Cornerstone: S. 12 u., 45 r., 63 r. / Doerk, Helga: S. 50 o. / Dumat, Maja: S. 42 o. / Engelbogen: S. 122 u. / Fotodichter: S. 26 u. / Haja, Oliver: S. 128 o. / Haugk, Dieter: S. 72 u. / Hautumm, Claudia: S. 24 o. / Havlena, Guenter: S. 25 o., 91 u., 133 u. / Hofschlaeger, S.: S. 10 r., 126 l., 139 o. / Illustration Marcus Stark: S. 44 l. / Ivi: S. 48 o. / Kirchhoff, Peter: S. 120 o. / Kroener, Marco: S. 84 u. / Kunze, Uwe: S. 54 l. / Lange, Heinrich: S. 56 o. / Lars: S. 150 u. / Laube, Karl-Heinz: S. 49 o. / Lohse, Torsten: S. 119 u. / LWThiele: S. 70 o. / Manwalk, Manfred Walker: S. 29 r. / Meister, Paul-Georg: S. 42 u. / Michel, Kurt: S. 114 l. , 130 o. / Mueller, Thomas-Max: S. 13 r. / Oberguggenberger, Juergen: S. 47 r.o. / Poost, Stephan: S. 124 o. / Raum, Carsten: S. 134 u. / Rose, Ernst: S. 24 u. / Rossmann, Sigrid: S. 16 u. / Ruhbaum, Matthias: S. 58 r. / Sawluk, Jerzy: S. 69 u. / Schmitt, Pascal: S. 68 r. / Schuetz, Dieter: S. 127 o., 153 o. / Siebauer, Joerg: S. 135 u. / special4kd: S. 40 r. / Sterzl, Bernd: S. 99 l. / Sturm, Rainer: S. 11 u. / Thomas, Barbara: S. 65 u. / tokamuwi: S. 53 r. / Weiss, Thomas: S. 120 u. / Weiss, Thommy: S. 79 l.m., 113 1.v.l.o. / Wengert, Thorben: S. 128 u. / wrw: S. 90 r.

**Sonstige:** Urheber: Kuebi, Lizenz: cc-by-sa: S. 79 l.u. / Urheber: Kristian Peters – Fabelfroh, Lizenz: cc-by-sa: S. 86 u. / Urheber: Ildar Sagdejev, Lizenz: cc-by-sa: S. 8 r.